De psychologue à psychotique

Catalogage avant publication de Bibliothèque et Archives nationales du Québec et Bibliothèque et Archives Canada

Tracy, Serge, 1966-
De psychologue à psychotique
(Collection Témoignage)
ISBN 978-2-7640-2079-1
1. Tracy, Serge, 1966- . 2. Dépression psychotique. 3. Psychologues – Québec (Province) – Biographies. I. Titre.

BF109.T72A3 2014 150.92 C2013-942519-5

Groupe Librex inc.
Une société de Québecor Média
1055, boul. René-Lévesque Est, bureau 201
Montréal (Québec) H2L 4S5
Tél. : 514 270-1746

Dépôt légal : 2014
Bibliothèque et Archives nationales du Québec

Pour en savoir davantage sur nos publications, visitez notre site : **www.quebec-livres.com**

Éditeur : Jacques Simard
Conception de la couverture : Bernard Langlois
Conception graphique : Sandra Laforest
Infographie : Claude Bergeron

Imprimé au Canada

Gouvernement du Québec – Programme de crédit d'impôt pour l'édition de livres – Gestion SODEC.

L'Éditeur bénéficie du soutien de la Société de développement des entreprises culturelles du Québec pour son programme d'édition.

Nous reconnaissons l'aide financière du gouvernement du Canada par l'entremise du Fonds du livre du Canada pour nos activités d'édition.

DISTRIBUTEURS EXCLUSIFS :

- Pour le Canada et les États-Unis :
MESSAGERIES ADP*
2315, rue de la Province
Longueuil (Québec) J4G 1G4
Tél. : 450 640-1237
Télécopieur : 450 674-6237
* une division du Groupe Sogides inc., filiale du Groupe Livre Québecor Média inc.

- Pour la France et les autres pays :
INTERFORUM editis
Immeuble Paryseine, 3, Allée de la Seine
94854 Ivry CEDEX
Tél. : 33 (0) 4 49 59 11 56/91
Télécopieur : 33 (0) 1 49 59 11 33

Service commande France métropolitaine
Tél. : 33 (0) 2 38 32 71 00
Télécopieur : 33 (0) 2 38 32 71 28
Internet : www.interforum.fr

Service commandes Export – DOM-TOM
Télécopieur : 33 (0) 2 38 32 78 86
Internet : www.interforum.fr
Courriel : cdes-export@interforum.fr

- Pour la Suisse :
INTERFORUM editis SUISSE
Case postale 69 – CH 1701 Fribourg – Suisse
Tél. : 41 (0) 26 460 80 60
Télécopieur : 41 (0) 26 460 80 68
Internet : www.interforumsuisse.ch
Courriel : office@interforumsuisse.ch

Distributeur : OLF S.A.
ZI. 3, Corminboeuf
Case postale 1061 – CH 1701 Fribourg – Suisse

Commandes : Tél. : 41 (0) 26 467 53 33
Télécopieur : 41 (0) 26 467 54 66
Internet : www.olf.ch
Courriel : information@olf.ch

- Pour la Belgique et le Luxembourg :
INTERFORUM BENELUX S.A.
Fond Jean-Pâques, 6
B-1348 Louvain-La-Neuve
Tél. : 00 32 10 42 03 20
Télécopieur : 00 32 10 41 20 24

SERGE TRACY
PSYCHOLOGUE

De psychologue à psychotique

L'homme derrière les étiquettes

LES ÉDITIONS
Québec-Livres
Une société de Québecor Média

À mes enfants

De l'innocence...

De ce monde, inexpérience naïve, les beaux apparats
Choc du non-sens à demi perçu, tantôt repoussé
Pour la défaite, seule réponse du bonheur promis
En vain la couleur timide devant la Réalité

De ce monde, blessures amères, les paradis se cherchent
Yeux emplis de cette couleur de gris maintenant perceptible
Poursuite du sens dans l'inaccompli, bonheur effrité
Réelle qu'est la douleur, le souffle court

De ce monde, réalisme acharné, la bouche raconte
Violence exhibant le Vrai devant le regard assombri
Pourvu que tombe le Mat en temps opportun
Sans réel refuge, l'attente

De ce monde, défaitisme enchaîné, tantôt l'écho d'une couleur
Cœur fragile attentif, âme contemplant l'étonnement
Sang renouvelé secouant l'inerte, et pompe la vie
De ce monde, l'écho d'un réel émerveillement

De ce monde, jardins des fleurs à nouveau actifs
Le vent dans sa ronde vole le repenti
Écho la joie, perçois ta gratitude
De ce monde, reçois enfin cette sagesse

Serge Tracy, mars 1999

Devenir fou n'est pas un art.
Mais de la folie extraire la sagesse, voilà le comble de l'art.
La folie est la mère des sages, jamais l'intelligence.

Carl Gustav Jung

Introduction

Le présent livre s'adresse à tous ceux qui sont curieux de recevoir un témoignage sur la santé mentale, plus précisément sur ma maladie mentale. Son contenu est vulgarisé afin qu'il soit compris par un large éventail de lecteurs. Il ne s'agit pas d'un roman ; tout ce que j'ai écrit correspond à ce que j'ai vécu : c'est donc une histoire vraie.

Je suis un psychologue psychotique qui a la possibilité – et probablement le devoir – de raconter ses dépressions majeures[1] et ses psychoses[2]. Malheureusement, beaucoup de gens expérimentent des états psychotiques sans même en conserver l'essentiel. Ils en préservent des morceaux de casse-tête qui ne s'arriment pas les uns aux autres. La plupart ne sauvegardent que des bribes de leurs psychoses, alors que certains, comme moi, en ramènent une empreinte manifeste, c'est-à-dire la capacité de se souvenir d'à peu près tout ce qu'ils veulent – il suffit d'y penser. Par contre, je ne peux pas tout rapporter à l'intérieur de ce livre : il vaut mieux parfois se garder un peu de pudeur. Mais l'essentiel y est.

J'ai ainsi le merveilleux privilège de partager avec vous un exemple de ce qui se passe dans la tête d'un psychotique au moment où il est malade, c'est-à-dire lorsqu'il est décompensé[3], qu'il est en psychose. C'est un très grand plaisir pour moi d'exprimer enfin ce vécu. Je dis « enfin », car il y a quand même quelques années que je pense à écrire

1. Une dépression majeure nécessite une hospitalisation ou, à tout le moins, un congé de maladie, car la personne qui en souffre n'est plus fonctionnelle dans ses activités quotidiennes.
2. Une psychose correspond à une désorganisation de l'appareil psychique. Il s'agit d'une perte de contact avec la réalité impliquant des idées délirantes ou des hallucinations.
3. Le terme « décompenser » signifie se désorganiser en dépression majeure.

cet ouvrage. Il m'aura fallu un coup de pouce, que j'ai reçu à la suite d'une de mes conférences.

Je vous propose donc de vivre une aventure humaine en visitant une partie de mon intimité, que je dévoile au grand jour, d'abord avec l'espoir de conscientiser quelques lecteurs afin qu'ils viennent en aide aux gens atteints de maladie mentale. J'espère également sensibiliser plusieurs personnes qui peuvent elles-mêmes vivre ce type de problèmes. Par ailleurs, plusieurs intervenants en santé mentale devraient pouvoir trouver un certain bénéfice à consulter cet ouvrage, afin de mieux comprendre l'état psychotique et d'offrir de l'aide à ceux qui souffrent de dépression, au sens large du thème.

Ce qui m'a avant tout motivé à écrire ce livre, c'est d'imaginer que je toucherais directement cent personnes qui éprouvent des difficultés liées à leur santé mentale. Si c'est le cas, j'aurai atteint mon but. Nous pouvons apprendre à vivre avec les étiquettes et la maladie comme nous pouvons le faire avec le diabète. Mais je sais pertinemment qu'il ne faut pas exercer de pression sur les personnes atteintes de maladie mentale. Il s'agit d'un long processus, d'un long apprentissage vers l'acceptation, vers la résilience. Souvent, nous nous demandons pourquoi les psychotiques ne prennent pas tous leur médication, ou pourquoi ils le font de façon irrégulière. Tout simplement parce que certains deuils ne sont pas faits. Lorsque nous reconnaissons que nous avons une maladie, nous devrions nous soigner. Vous allez constater que ce n'est pas aussi simple que cela peut paraître pour certains psychotiques.

À la lumière des nombreuses expériences que j'ai vécues, je peux dire que nous exerçons encore de la pression sur nos malades mentaux. Les gens ne peuvent pas comprendre la souffrance, la douleur, l'angoisse, la colère, la tristesse, la folie que nous pouvons porter. Il n'est pas facile de travailler les bras déjà chargés. Et il ne faut pas rêver : après une psychose et une hospitalisation, une convalescence est nécessaire. Au cours de ma première décompensation, j'ai souffert pendant cinq ou six mois de dépression mélancolique et bipolaire. J'ai été hospitalisé pendant deux mois et demi, puis j'ai entrepris une convalescence. Trois ou quatre mois ont été nécessaires pour m'en remettre. C'est certain que j'avais pris des deuils plein la gueule. Nous y reviendrons plus tard.

Je dois vous prévenir : ce livre n'a pas de prétention scientifique ; son contenu est vulgarisé. Les trois premiers chapitres constituent une courte biographie personnelle. J'y raconte partiellement[4] mon enfance, mon adolescence et ma jeunesse, afin de me présenter et de bien me situer comme sujet. Tout au long de ce récit, je passe du présent au passé ou d'un passé lointain à un passé plus proche, et vice versa. Mon objectif n'est pas de respecter une chronologie précise, mais plutôt de vous exposer mon histoire dans le but de faciliter une meilleure compréhension de la situation. C'est pourquoi j'illustre abondamment mes propos avec des anecdotes de toutes sortes.

Il y a de multiples liens à faire entre mon histoire personnelle et mes psychoses – c'est la raison pour laquelle je décris une partie de mon vécu. Il serait intéressant d'étudier ces relations, mais je laisserai le soin à d'autres de le faire, si ce livre mérite leur attention, car je n'ai pas suffisamment de distance pour m'autoanalyser. Je me prête au jeu pour faire de brèves descriptions, sans plus.

L'aspect familial ne doit pas être négligé. En effet, la dynamique familiale compte pour beaucoup dans la construction de notre personnalité. Des pièces de théâtre se jouent durant notre enfance et sont rejouées plus tard dans notre vie quotidienne. Puis nous faisons des projets pour l'avenir qui sont encore rattachés aux premières pièces de notre enfance. Il s'agit, d'une certaine façon, de vivre le présent au futur passé ! Je veux dire que les pièces que nous jouons actuellement peuvent être projetées vers des aspirations futures, qui sont en fait à l'image des scénarios passés.

Dans le quatrième chapitre, je vous suggère une brève excursion dans ma quête de sens : mes valeurs et mes croyances. Vous verrez plus loin combien les valeurs et les croyances peuvent influencer le cours des choses lorsqu'on décompense. Elles constituent un filtre important dans la perception et l'interprétation de la réalité des événements. Ainsi, lorsqu'une situation réelle se présente, elle sera perçue et interprétée en fonction de notre vécu, de nos valeurs et croyances,

4. Il s'agit d'un bref survol.

etc. Notre interprétation portera la couleur de ce filtre perceptif, qui donnera aussi une couleur au monde émotif et qui libérera des comportements, lesquels amèneront d'autres situations à interpréter, et ainsi de suite.

La question des perceptions et des interprétations est importante, car nous sommes tous plus ou moins biaisés par notre vécu et par la façon dont nous avons été éduqués. Cela influence le cours de nos dépressions. La façon dont nous procédons à l'interprétation de la réalité influence les psychoses. Pour une même structure de personnalité, il y a plusieurs façons différentes de percevoir une même réalité, ce qui influence aussi la couleur de la perte de contact avec celle-ci.

Au chapitre 5, je raconte mes dépressions majeures et mes psychoses : cinq voyages différents entrepris à la suite d'une faille psychotique qui a créé une brèche pour la psychose. Chaque dépression a effectivement sa particularité et mérite une attention particulière. Préparez-vous pour l'aventure, car vous allez quitter momentanément la réalité telle que vous la connaissez ! Je vous offre cinq tours de manège, en espérant qu'ils vous plaisent.

Je ne pouvais pas écrire un tel livre sans soulever un débat concernant la réalité physique et la réalité psychique. C'est le contenu du sixième chapitre. Je crois qu'il y aura autant d'opinions que de lecteurs, chacun ayant son propre vécu et ses propres valeurs et croyances qui les mènent à autant d'interprétations possibles de la réalité.

Au chapitre 7, je décris le cheminement qui m'a mené vers la santé mentale, même si j'ai récemment traversé une dépression majeure, alors que je n'avais pas connu de rechute depuis sept ans. Il n'est pas facile de s'affranchir de ses étiquettes. Il faut d'abord les reconnaître, car si nous les nions, il n'y a pas de deuil possible. Et sans deuil, il est très difficile, voire impossible, d'apprendre à vivre avec les étiquettes.

Je vous recommande de lire ce livre en continu, du début jusqu'à la fin, plutôt que de le feuilleter au hasard ; certains passages ne peuvent être compris qu'à cette condition. Mais allez-y comme vous le souhaitez, car cet ouvrage vous appartient. Il me revient de susciter et de maintenir votre intérêt, et je crois pouvoir y parvenir aisément, car j'ai déjà quelques conférences à mon actif et j'ai eu la chance de recueillir les commentaires de certains participants. Mon histoire semble susciter beaucoup d'intérêt. Sans chercher à me vanter, je suis convaincu que j'ai un contenu intéressant à vous livrer. Je tiens à préciser que j'écris sous les conseils d'une intervenante sociale à la demande de qui j'ai un jour présenté mon témoignage à ses bénévoles. Cette personne est également mon ex-compagne de vie.

Avant de me mettre à tout raconter en introduction, je ferais mieux de m'arrêter et de vous laisser apprécier cet ouvrage. Je vous souhaite la bienvenue dans mon monde. J'espère que vous aurez autant de plaisir à lire ce livre que j'en ai eu à l'écrire.

Chapitre I

Enfance, famille et à venir...

Manifestation de la maladie et souvenir-écran

J'ai connu une enfance relativement houleuse et parfois chaotique, car j'ai côtoyé la souffrance et la maladie dès mon tout jeune âge. Sur le plan physique, ma famille présentait une excellente santé. Par contre, six tantes et un oncle, tant du côté de ma mère que de celui de mon père, éprouvaient des problèmes de santé mentale. La plupart étaient traités au lithium.

La maladie mentale était plutôt taboue il y a une quarantaine d'années. Je crois même que le terme «santé mentale» n'existait pas encore. Il s'agissait en fait d'une maladie honteuse, embarrassante que nous devions cacher à tout prix. Nous pouvons nous demander ce qu'il en est actuellement. Je lance la question. À vous de formuler votre propre réponse.

Alors que j'avais à peine trois ans, il y a un souvenir-écran[5] que je conserve: celui d'un petit voisin de cinq ans qui m'avait surpris avec son masque de diable, que je trouvais très réaliste. Je revois ses cornes qui sortaient de ses cheveux, sa langue pâle, sa barbichette et ses yeux dont on voyait à peine l'iris.

Je me trouvais sur un minuscule ponceau enjambant un tout petit ruisseau. Figé là, debout, j'éprouvais une peur terreur. Horreur, le petit démon venait de concrétiser mes craintes: le diable existait réellement! Il faut aussi souligner que le bambin malfaisant portait paradoxalement le nom de Chrétien!

5. Un souvenir-écran est comme un tableau qui contient beaucoup d'informations à propos d'un ou de plusieurs enjeux de notre développement psychique.

Des souvenirs du gardiennage

J'ai dû accepter très tôt de me faire garder par des oncles et des tantes sur qui j'étais très content de pouvoir compter. Lorsque mes parents n'étaient pas disponibles, nous devions nous faire garder chez des tantes et des oncles.

De mémoire, c'est Laurette et Guy, puis Suzanne et Hervey, deux sœurs et deux beaux-frères de ma mère, qui ont été les couples qui se sont le plus occupés de nous, les enfants. Je conserve de très bons souvenirs d'eux, surtout de Laurette et Guy, que nous surnommions Lolo et Guyguyne. Je me souviens très nettement du balcon chez eux, plus précisément de l'entrée intérieure. Le tapis était long et doux, dans des tons de rouge et d'orange. Il y avait dans le salon un petit coin qui était environ quinze centimètres plus bas que l'appartement. C'était l'espace pour ouvrir la porte afin d'accéder au balcon. Je pouvais passer des heures à m'amuser avec mes jouets dans ce petit carré confortable. J'y ai inventé plusieurs scénarios, mais en fait je ne me rappelle pas très bien à quoi je jouais. Il s'agit de très vieux souvenirs et je n'ai pas de photos pour me les remémorer.

Ma tante Laurette était extrêmement généreuse, et mon oncle Guy était aussi très humain. Le couple ne pouvait pas avoir d'enfant. Lolo était jeune et vraiment maternelle. Elle avait une apparence délinquante, avec ses cheveux courts blond platine et sa silhouette de serveuse de bar. Guy avait une Dodge Charger 1967; il avait posé des décalques de Woody le Pic fumant le cigare dans les petites vitres de chaque côté.

Heureusement que je ne me retrouvais pas en territoire étranger. Laurette et Guy ne le savent peut-être pas, mais ils ont contribué à mon équilibre psychique. Suzanne et Hervey aussi, mais je devais être très jeune, peut-être nourrisson, parce que mon souvenir est flou. Pourtant, je suis imprégné de cette tante et de cet oncle. Je ne sais pas pourquoi, mais c'est comme cela.

Tout cela allait affecter l'élaboration de ma structure de personnalité. Très jeune, j'étais déjà confronté à des enjeux de séparation, mais je n'étais pas équipé pour les affronter. Des mécanismes de défense se sont alors érigés. Nous partons tous, à la naissance, avec un potentiel pour développer un certain aménagement structurel: disons que le mien était affaibli. Je n'allais certainement pas me cristalliser dans une structure de personnalité névrotique. J'allais naviguer davantage dans les eaux troubles des aménagements structurels psychotiques et des états limites.

La place de la religion

La notion du bien et du mal me suivra durant toute mon existence. Pourquoi ai-je été amené très jeune à porter en moi cette question, cette énigme qu'est la notion du bien et du mal? Certains diront: «C'est la vie!»

J'ai moi-même été croyant jusqu'à l'âge d'environ vingt ans. Mais déjà, enfant, j'avais des questionnements à propos des croyances. Je croyais croire, jusqu'à ce que je le réalise. Croire en la résurrection de la chair. J'allais remettre cela en perspective quelques années plus tard. Toujours est-il que je me demandais pourquoi – Bon Dieu ou diable! – on voulait m'éloigner de mes parents. C'est une des interrogations que j'avais, enfant. Une question qui demeure sans réponse.

J'étais curieux à propos de la religion catholique; je comprenais que Jésus-Christ avait accompli quelque chose d'important pour l'humanité. Vers l'âge de huit ou neuf ans, je me sentais interpellé lorsque le curé du village nous parlait de l'appel de Dieu à ses fidèles. À l'époque, je croyais que j'allais faire un excellent vicaire, car je ne pouvais pas m'imaginer dans le futur sans relation amoureuse ni enfants. L'idée de devenir prêtre ne me venait pas à l'esprit. Je trouvais déjà les filles trop belles pour m'engager pour la vie dans l'abstinence! Ce n'était pas fait pour moi.

Mes origines

Du côté maternel, mes grands-parents ont évolué sur une ferme dans une municipalité plutôt banale. Ma grand-mère était la douceur incarnée; elle était extrêmement bienveillante. Mariée à l'âge de seize ans, elle donnera naissance à dix-huit enfants «normaux» et en bonne santé. Pour résumer, ma grand-mère devrait tout simplement être béatifiée! Elle a travaillé dur durant toute sa vie, tant à la maison qu'à la ferme. Elle s'est dévouée corps et âme pour ses enfants. Plus tard, elle sera également très disponible et attentionnée pour ses petits-enfants, et bientôt ses arrière-petits-enfants. En plus, elle était ma marraine. Que demander de plus ?

Vers l'âge de sept ou huit ans, ma grand-mère m'a offert une grosse marionnette de bois (environ trente centimètres de haut). Je ne comprenais pas de quoi il s'agissait. Assis sur une chaise, il fallait que je glisse une palette de bois sous ma cuisse pour la coincer. Je devais ensuite faire rebondir le jouet qui giguait. Ce jour-là, j'ai joué de la musique avec mes grands-parents et j'en étais très fier. C'était la fête lorsqu'ils sortaient leurs instruments. Ma mère les accompagnait à la guitare. Que de bons souvenirs je conserve de la musique jouée en famille !

Grand-maman avait quatre-vingts ans à l'heure de son décès. Elle est morte dans de grandes souffrances. Son cœur parvenait difficilement à pomper le sang. Elle respirait par secousses, comme si elle prenait son dernier souffle, puis elle recommençait. Elle a attendu que ses dix-huit enfants passent la voir à l'hôpital pour lui souhaiter bon voyage et lui dire qu'elle pouvait partir en paix avant de rendre l'âme. Elle se sera battue jusqu'à la toute fin pour honorer les précieux liens qu'elle entretenait avec eux.

Pour sa part, mon grand-père maternel était rigide, sévère et froid, mais il jouait admirablement bien du violon. Il se comportait parfois comme un dictateur envers ses enfants, surtout avec les garçons. Rassurez-vous, il ne s'agissait ni d'un batteur d'enfants ni d'un abuseur, quoique certains de ses fils aient eu droit à quelques coups de rondin.

Plus vieux, alors qu'il habitait au village, il n'aimait pas trop recevoir de la visite, et il nous le laissait savoir. Je n'aimais pas aller chez lui, car il me faisait peur. Peut-être était-ce rattaché à des souvenirs d'enfance, lorsque nous allions rendre visite à nos grands-parents à la ferme. Il y avait de gros chiens enfermés dans de grandes cages et qui aboyaient très fort. La plupart semblaient être des bergers allemands et des rottweilers. Grand-père en faisait l'élevage.

Grand-papa était l'un des hommes les plus impliqués dans sa paroisse. Il écrivait des chroniques dans un journal régional pour traiter de sujets agricoles ou religieux. Lorsqu'il trouva la mort, il avait quatre-vingt-neuf ans. Six prêtres ont participé à la cérémonie funèbre. J'accompagnai ma mère pour servir la messe solennelle et protocolaire dans une église bondée.

En juillet 2006, notre arbre généalogique du côté de mes grands-parents maternels en était à deux cent dix-huit personnes, incluant les conjoints de l'époque.

Du côté paternel, mes grands-parents ont également grandi dans la même paroisse que celle de mes grands-parents maternels. Ma grand-mère paternelle était tout aussi douce et chaleureuse que la mère de maman. Elle mesurait environ un mètre cinquante. Une toute petite bonne femme qui ne cessait de rire ou de sourire. Elle prenait bien soin de nous. Je n'ai jamais vu cette femme se fâcher ou s'offenser devant un comportement plus ou moins déplacé. Grand-maman avait un rouet à tisser qui m'impressionnait beaucoup et un jardin qui me paraissait immense; j'aimais l'accompagner quand elle y travaillait. Mes grands-parents paternels habitaient sur la rive nord de mon petit ruisseau. Nous demeurions au sud. Le petit Chrétien vivait à l'est... Il venait d'ailleurs de cette direction lorsqu'il a agressé mon âme! Enfin, grand-maman a eu neuf enfants «normaux» et en santé. Elle est décédée à l'âge de quatre-vingt-cinq ans.

Enfin, en ce qui a trait à mon grand-père paternel, il était devenu sourd avec le temps. Par contre, il semblait tout aussi heureux que sa femme lorsqu'il nous accueillait lors de nos nombreuses visites du dimanche (chez mes quatre grands-parents). C'était un homme bon et généreux. On aurait dit que quelqu'un lui avait greffé un sourire sur le visage tellement il semblait heureux. Par contre, il a connu la mort dans d'atroces souffrances en raison d'un cancer généralisé. Il avait soixante-dix-huit ans. Nous avons donné son prénom ainsi que son nom à notre fils, un peu en son honneur. Un de mes cousins avait fait de même une dizaine d'années auparavant.

Mes premières hallucinations

Entre l'âge de quatre et sept ans, il m'arrivait parfois d'entendre des voix dans ma petite tête d'enfant, le soir, avant de m'endormir: plusieurs personnes qui semblaient discuter entre elles. J'avais l'impression qu'elles étaient dans une espèce de soirée bavaroise. Plus tard, mes hallucinations auditives ressemblaient au bruit dans une salle paroissiale comptant des centaines de gens. Imaginez à quel point j'étais terrorisé. J'avais ces hallucinations surtout en début d'année scolaire. Je devais aller chez le médecin pour qu'il me prescrive je ne sais trop quoi, mais cela fonctionnait. J'étais tellement apeuré à l'idée d'entendre ces voix que je redoutais l'heure du dodo. Les sons commençaient par des chuchotements. Puis l'intensité augmentait lentement pour atteindre un certain plateau. J'étais terrifié.

Il faut dire que mes nombreuses expériences de déménagement ne m'ont pas aidé. Sensible aux séparations, quitter un endroit pour un autre m'était toujours très pénible, douloureux même. Sans compter que nous avons déménagé à deux reprises au beau milieu de l'année scolaire. Rendu au quatrième village, j'ai vécu un cauchemar que je me rappellerai durant le reste de mon existence.

Arrivé vers la mi-décembre, je devais encore affronter de nouveaux visages. Je dis « affronter », car cela m'était déjà difficile d'être en groupe, alors imaginez rencontrer de nouveaux pairs. J'ai décompensé en mettant le pied à l'intérieur de l'école : les élèves portaient tous des têtes d'animaux ! Une fois en classe, je me suis réfugié en mettant la tête dans mon pupitre et en refermant au maximum le panneau sur moi. Seule l'enseignante avait une tête humaine. Elle m'invita doucement à sortir de ma cachette afin que je me présente. J'étais à nouveau terrorisé. L'intérieur de mon pupitre était inondé de larmes. Les autres élèves, excités de voir un étranger, ne m'aidaient pas avec leur brouhaha.

Le lendemain, armé d'une médication, j'affrontais à nouveau mes pairs qui n'arboraient plus de têtes d'animaux, à mon grand soulagement. Mais j'avais un plan : je demanderais de sortir afin d'aller à la toilette pour finalement m'enfuir à la maison. Ce que je fis. Malheureusement pour moi, mes parents n'ont pas apprécié mon escapade. Je devais me résigner à aller en classe. Je détestais l'école et son odeur de craie à glacer le sang. J'étais en prison et je faisais du temps.

Mes tâches d'enfants

J'adorais les congés pour avoir l'occasion de jouer dehors, mais pas pour travailler à l'épicerie. En fait, je détestais faire des efforts et accomplir des tâches. Je préférais Goldorak le Grand, Démétan la grenouille ou Le Petit Castor au classage de bouteilles[6] que certains cultivateurs apportaient le samedi matin au beau milieu de mes dessins animés préférés. Sans compter qu'à l'époque il fallait tout classer dans des caisses de bois et de plastique. En fait, j'appréciais le plaisir et la facilité. Si on m'en donnait l'occasion, je procrastinais.

Je n'aimais pas travailler, je le faisais à reculons, mais je m'y appliquais quand même. D'ailleurs, mon père me disait souvent de m'activer pour ne pas faire attendre les clients. Ces derniers étaient sacrés pour lui, et c'est en se dévouant à eux qu'il parvenait à conserver sa clientèle. C'est aussi en grande partie grâce à sa générosité. Souvent, il ajoutait un gros sac de croustilles à l'épicerie d'une mère de famille.

Mais je ne retiens pas que les aspects négatifs de cette expérience. En commençant à travailler très jeune, j'ai appris à être actif plutôt que fainéant, ce que je serais probablement devenu sans l'obligation de faire ces tâches. D'autre part, je me suis mis pas mal d'argent de côté, ce qui me permettra de m'acheter ma première voiture à dix-sept ans. Elle n'était pas neuve, mais je n'ai pas eu besoin de faire un emprunt.

Super *cool*, l'épicerie !

Je trouvais cela vraiment génial d'avoir une épicerie. Nous pouvions y prendre à peu près ce que nous voulions avec la permission de nos parents. Étonnamment, nous choisissions surtout les fruits, que nous pouvions déguster à volonté. C'est plus tard, à l'adolescence, que je mangerai surtout des gâteaux et boirai des boissons gazeuses.

Pouvez-vous imaginer la fête que nous offrions aux amis quand ils venaient dormir chez nous? Seule une porte accordéon séparait la maison de l'épicerie. Ces soirs-là, nos parents nous permettaient de

6. Il y avait aussi les tablettes à ranger, les fruits et légumes à préparer, les livraisons à effectuer, etc.

manger et de boire ce que nous voulions, ou presque. Mais nous n'abusions pas. Je n'ai pas le souvenir d'avoir jamais caché du chocolat, des bonbons ou quoi que ce soit d'autre. Nous saisissions la manne lorsqu'elle passait, c'est-à-dire quand nos amis venaient à la maison, soit toutes les deux fins de semaine environ.

Nous dormions alors au rez-de-chaussée, dans des sacs de couchage, sur le tapis orange et brun du salon. Mes parents, eux, couchaient à l'étage. Quand tout était calme, nous jouions aux espions dans l'épicerie. Au passage, nous prenions quelques bonbons ou une tablette de chocolat, et nous mangions des *chips* avec du *Cream Soda*.

Vers la fin de mon adolescence, toutefois, je convoiterai surtout la bière et les cigarettes. Mais je les ai toujours payées quand j'étais avec mes amis. C'est souvent moi qui m'occupais de balancer la caisse enregistreuse les fins de semaine.

À l'exception de mon premier paquet de cigarettes, que j'ai volé à l'âge de treize ans, je n'ai jamais rien pris sans permission. Un ami et moi voulions essayer de fumer pour voir l'effet que cela faisait. Nous toussions à nous en rendre malades. Le teint vert, nous allions cacher le paquet dans le cimetière, à l'intérieur du tronc d'un arbre, pour le retrouver plus tard. Les morts étaient témoins de notre méfait. Je ne me souviens plus très bien ce qui est arrivé par la suite ; nous sommes retournés quelques fois à la cachette, mais je ne crois pas que nous ayons fumé le paquet au complet.

Mes amours d'enfance

Durant mon enfance, j'ai aimé quatre fillettes. La première s'appelait Chantale Gagnon. Nous avions cinq ans et nous nous aimions comme des enfants de cet âge. Elle s'est fait heurter mortellement par un taxi en allant chercher une balle dans le chemin. Je me souviens de son petit cercueil et de son doux visage d'ange. C'était la première fois que je côtoyais la mort de si près. J'étais très troublé, mais je comprenais que la voiture l'avait trop meurtrie pour qu'elle puisse rester vivante. Alors, Dieu était venu la chercher. Je ne voulais pas qu'elle meure, mais je n'y pouvais rien, alors je m'y suis résigné. Et avec un autre déménagement en plein milieu de l'année scolaire, ma tristesse est rapidement passée à autre chose.

Mon deuxième amour d'enfance s'appelait Josette Godette, que j'ai aussi connue à l'âge de cinq ans, dans l'autre école. Nous nous tenions par la main pour aller à l'école et au retour, avec son frère Benoît que nous surnommions Benoît Malcommode, avec un accent acadien. Josette et moi aimions bien jouer au docteur, c'est-à-dire qu'à tour de rôle nous nous examinions. Une fois, mon frère et son ami nous ont surpris, et mon frère m'a dénoncé. En guise de punition, je m'étais retrouvé nu sur une galerie adjacente à une clinique médicale. Quand on entend dire que la sexualité, c'est sale, bien ça ressemble à cela. Dans mon éducation, je crois que la sexualité infantile représentait quelque chose d'aussi inacceptable que l'*incarnation du mal*.

À ma quatrième école, il y avait Brigitte Payeur, que je trouvais vraiment de mon goût. Elle était angélique tellement elle était belle. Tous les garçons voulaient être son *chum*. Mais il y avait surtout Sonia Lambert, qui deviendrait plus tard mon premier grand amour. Sonia aimait rire de bon cœur. Je crois qu'elle était plutôt indépendante, mais pas solitaire. Elle avait des amies, mais elle se mélangeait aussi aux garçons, contrairement à la plupart des autres fillettes. Sonia avait un petit côté garçon manqué qui me plaisait bien. Elle sortait sa langue de côté lorsqu'elle s'appliquait dans un jeu, comme le ballon-chasseur, ou encore quand elle écrivait. Sonia était très belle avec ses yeux bruns et possédait une bouche généreuse. Je rêvais d'y coller la mienne.

Bref, dès mon jeune âge, je me suis intéressé aux filles. Je les enviais de pouvoir offrir autant de beauté. Je savais aussi repérer les belles femmes, comme Guylaine Breton qui a longtemps fait partie de mes fantasmes. Les filles ont commencé tôt à occuper mon esprit, et elles ont pris de plus en plus de place au fur et à mesure que je vieillissais.

La dimension scolaire

J'étais nul à l'école, j'étais un cancre. Je dirais que j'ai somnolé pendant tout mon primaire. Puis j'ai échoué ma première année du secondaire. J'ai donc suivi un cours de garde-forestier, mesureur de bois, et j'ai commencé à travailler en forêt après ma cinquième secondaire. J'ai ensuite pratiqué d'autres métiers que je n'aimais pas plus les uns que les autres. Après trois années de frustration, j'ai décidé de retourner à l'école étudier en psychologie. C'est comme si, durant mon enfance, mon cerveau avait connu une inhibition intellectuelle qui s'est désengourdie quand j'étais dans la vingtaine. Il faut mentionner que j'ai lu mon premier bouquin à l'âge de dix-huit ans. Ma sœur m'avait offert un livre de David J. Schwartz[7] qui s'intitulait *La magie de voir grand.*

Lorsque j'ai rencontré l'orienteur du cégep pour savoir quel profil je devais avoir pour me diriger en psychologie, il m'a répondu que jamais je ne pourrais m'inscrire à l'université, car mes notes étaient trop faibles. Je lui ai demandé ce que je devais faire pour accéder aux études collégiales. Il m'a répondu, d'un air sceptique, que je devais réussir mes mathématiques de quatrième et de cinquième secondaire. J'ai obtenu la note de 99 % dans le premier cours et de 98 % dans le second, comme quoi le fait de « voir grand » m'a beaucoup servi. L'orienteur était ébahi devant mes résultats. Il comprenait que j'étais sérieux. Il m'a alors dirigé vers les sciences humaines avec mathématiques.

Je n'ai pas connu d'autres hallucinations visuelles à l'école, comme les têtes d'animaux de mes confrères de classe en deuxième année du primaire. Mais beaucoup plus tard, alors que je faisais un examen final de mathématiques en cinquième secondaire, les voix des valeureux Bavarois sont revenues. Je me rappelle que je me suis mis à sourire, car ce que j'entendais dans ma tête n'était pas compatible avec le lieu où je me trouvais, ni avec l'activité que j'étais en train de faire. Imaginez que vous essayez de vous concentrer sur un examen important avec les chuchotements et la parlote de quelques centaines de Bavarois. C'était absolument identique à ce que j'entendais quand j'avais entre quatre et sept ans. J'avais alors une vingtaine d'années et, contrairement à ce que je ressentais durant mon enfance, je n'avais pas peur. Mais je comprenais très bien pourquoi j'avais été si effrayé. Je crois même que les murmures étaient plus épeurants que les voix.

7. Schwartz, David J. (1959) *La magie de voir grand*. Éditions Un monde différent, 1983.

Un enfant à part

Tout jeune, j'étais à part, différent. C'était manifeste dans mes attitudes et mes comportements. J'étais un enfant très calme, trop calme. J'éprouvais de la difficulté à interagir avec mes pairs. Je pouvais passer des heures à regarder mon frère s'amuser avec ses amis sans participer de quelque façon que ce soit. J'ai passé mon enfance à prêter mes jouets aux camarades et à ne pas prendre ma place dans le jeu. Je n'ai pas vraiment appris à développer mon estime de moi, ni mon sens de l'affirmation.

De ma petite enfance jusqu'à mon adolescence, j'avais très peu confiance en mes capacités. Je ne me sentais pas à la hauteur de la commande et je ne correspondais pas très bien au cadre social. J'apprenais à faire de la collaboration de surface, c'est-à-dire que je répondais passivement à ce qu'on me demandait de faire tout en pensant à autre chose pendant que je le faisais. Parfois, je devais me forcer, me concentrer, ce qui était difficile. Je n'avais pas l'habitude de déployer des efforts soutenus. Je contournais les règles dans les limites du respectable afin de ne pas m'attirer d'ennuis.

Durant ma période de latence, entre six et douze ans, j'étais absent, rêveur et lunatique ; je me faisais oublier. Dans les corridors de mon école, je pouvais me fondre entre la peinture et les grosses briques de ciment, comme Daniel Kemp [8] le faisait pour entrer dans un autobus sans payer. J'avais développé un don pour me rendre invisible à travers la masse. Je devenais un caméléon, maître dans l'art de passer inaperçu. Je demeurais en retrait en m'impliquant au minimum de mes capacités.

L'intimidation

Compte tenu du fait que je me tenais en retrait et que je n'étais pas très populaire, je subissais de l'intimidation de la part de certains élèves. J'ai eu droit à des coups de poing dans le dos, on a baissé mon pantalon et mes bobettes devant tout mon groupe, je me suis fait bousculer,

---

8. Kemp, Daniel. (1979) *Envol: départ pour le début du monde.* Les Éditions de l'Homme.

ridiculiser, on m'a crié des noms, des bêtises. Bref, je me faisais faire les cent coups habituels. Il me semble que je n'étais pas très heureux...

L'intimidation est un sujet d'actualité dans nos écoles. À mon époque, c'était « normal » de voir des souffre-douleur ; nous faisions rire de nous à tour de rôle, comme s'il s'agissait d'un jeu. Mais la loi du plus fort prévalait. Et moi, le gamin sans colonne vertébrale, j'étais une proie facile. Souvent, dans la nature, les plus forts s'en prennent aux blessés et aux nouveau-nés. Aux plus faibles. On dirait que c'est la même chose pour les intimidateurs. Et les victimes se retrouvent coincées, car elles ne veulent pas *stooler*, par crainte de représailles. Alors, elles subissent et endurent les tourments.

Le mieux, c'est de répondre aux agressions par l'humour, en démontrant que cela ne nous atteint pas. Mais il faut aussi régler cela avec l'intimidateur, directement, en lui disant que nous n'aimons pas ce qu'il nous fait subir et que nous devrons le dénoncer. Le problème est que les victimes ont généralement une faible estime d'elles-mêmes et qu'elles ne parviennent pas à s'affirmer sainement. Des solutions miracles ? Il n'en existe pas. Cela nécessiterait peut-être des punitions plus sévères.

Actuellement, les directions d'école suspendent l'intimidateur pendant deux ou trois jours. Que retient l'enfant ? Si je fais de l'intimidation, je peux rester à la maison et jouer au Xbox 360 ! J'ignore quelle est la solution, mais je sais que celle-ci ne fonctionne pas. En fait, cela peut être efficace si, quand il est retiré de l'école, le jeune est privé de plaisir, si ses pairs sont importants pour lui. Mais pour certains, trois jours de suspension, c'est comme recevoir un cadeau.

Cela m'est arrivé personnellement à la polyvalente. Au début de mon secondaire, nous pouvions fumer à l'intérieur de l'école. En classe, seuls les enseignants avaient ce droit. Nous nous amusions à faire brûler la feuille de papier collée sur l'emballage d'aluminium dans les paquets de cigarettes. De cette façon, elle se détachait facilement. Ensuite, nous collions l'aluminium sur notre paquet ou sur un cahier ; il suffisait de le frotter avec le plat d'un ongle.

Il y avait un surveillant qui était en même temps professeur d'histoire. Nous le surnommions le loup, car il n'en manquait pas une. Un jour, il nous a surpris, mon ami et moi, en train de faire cette petite opération sur un plancher de céramique, adossés à un mur de béton. C'était sans danger, mais le directeur a dit à nos parents que nous tentions de mettre le feu à l'école! Imaginez leur réaction. Il nous a renvoyés chez nous pour la durée d'un cycle, c'est-à-dire sept jours. En ajoutant les fins de semaine, cela nous donnait un total de onze jours de congé. En plus, nous avions chacun une mobylette. C'était le *party,* surtout pour moi qui détestais l'école.

Libre de penser

J'étais un enfant sans problème, facile, coopératif, mais peu impliqué. Sage comme une image, direz-vous? Pas du tout, car j'étais libre de penser ce que je voulais, lorsque cela me plaisait. Je n'étais pas sage dans ma tête. Comme je portais beaucoup de colère accumulée, je faisais imploser cette agressivité parfois viscérale dans des scénarios intérieurs. Je me dressais contre mes ennemis en pensée. Dans cet espace de ma conscience, j'étais à l'abri de tous. Ma pensée était mon refuge, mon temple intérieur, que je considérais comme sacré.

J'étais heureux d'avoir une boîte à idées, c'est-à-dire mon cerveau. J'imaginais toutes sortes d'histoires impliquant mes camarades de classe, mes amis et mes adversaires; tout cela m'appartenait. J'entretenais des pensées violentes: j'arrachais la tête de l'un, tandis qu'un autre roulait sous un camion à remorque. Je ne savais jamais trop quoi raconter au confessionnal, car je savais que certains péchés étaient innommables et impardonnables. Alors, je disais que j'avais des pensées impures. Le prêtre devait croire à quelque chose de nature sexuelle, mais ce n'était pas nécessairement le cas. Nous avons tous connu cette pulsion meurtrière qui nous habite. Ainsi, nous entendons parfois des phrases comme: «Je l'aurais crucifié sur le mur!» Nous imaginons toutes sortes de choses que nous ne ferions jamais. C'est normal d'avoir ce genre de pensées, mais à petites doses. Car à la longue, nous pourrions devenir très méchants.

Un jour, dans un petit village du fin fond de la Beauce, un prêtre m'a dit: «Ne t'en fais pas, des fois ça coule tout seul durant la nuit.» Je venais de lui parler d'attouchements, mais j'entendais par là avec ma blonde. Comment pouvais-je parvenir à me confesser si mes crimes étaient plus graves que ce que pensait le prêtre ? Ou était-ce lui qui projetait sur moi l'idée de la masturbation ? Chose certaine, j'ai cessé assez tôt d'aller à la confesse ; en fait, cette fois-là fut la dernière.

Le chalet

Enfant, ce que j'aimais par-dessus tout, c'était d'aller au chalet. La nature, pas de téléphone ni d'électricité : c'était le bonheur absolu. Le cellulaire n'existait pas à cette époque, fort heureusement. Il y avait un lac artificiel à proximité des trois seuls chalets des environs. Je conserve les meilleurs souvenirs de cette maison d'été qui nous a vus grandir et qui a accueilli plusieurs jeunes amis sous son toit.

En fait, ce n'était qu'une petite station-service transformée en chalet, avec un chauffage au bois. Nous nous éclairions au fanal et il fallait aller chercher de l'eau au lac ou à la rivière pour tirer la chasse de la toilette intérieure. Cette eau était limpide, à l'époque. Le lac était alimenté par deux sources qui provenaient d'une montagne. Nous pouvions y boire directement. Mes amis et moi préférions coucher sous la tente. Parfois, nous nous servions de sa toile pour couper l'humidité et nous dormions en plein air, sous un ciel magnifique et maculé d'étoiles. Nous étions loin de la pollution lumineuse de la ville. Certaines nuits, nous apercevions même la Voie lactée.

J'adorais aller dans cet endroit, car tout était plaisir et joie. Plus tard, le chalet est devenu le lieu par excellence pour les rassemblements de jeunes. Mais j'aimais aussi m'y rendre seul durant la semaine avec ma mobylette. C'était le paradis, car je pouvais enfiler mon costume d'Adam et me baigner, me promener en forêt, ou tout simplement me faire dorer au soleil. À cette époque, nous nous enduisions même d'huile pour mieux bronzer plutôt que de nous protéger. Je me souviens aussi que, très jeunes, mon père nous laissait prendre le volant de la voiture sur la route du chalet. Vers treize ans, je savais déjà conduire et je n'avais pas peur. Cela ferait tout un drame, aujourd'hui, qu'un enfant de treize ans conduise sur cette même route.

Lorsqu'il y avait des feux de camp au chalet, c'était la fête. Maman sortait souvent sa guitare pour nous chanter une ballade. Nous étions très heureux de nous réunir ainsi toute la famille dans la joie.

J'ai souvent fait le rêve de me trouver un chalet pour y demeurer à l'année, un peu isolé du monde. Mais pour cela, il ne faudrait pas que je sois un père chef d'une famille monoparentale comptant trois enfants.

La différence

Durant toute cette période, j'ai connu des hauts et des bas. À bien y penser, je crois que je n'ai pas connu une enfance ordinaire. Mais cela ne faisait pas de moi quelqu'un d'extraordinaire. En fait, je me suis toujours perçu comme un gars « extra ordinaire », c'est-à-dire quelconque. Disons seulement que j'avais un vécu que peu de jeunes connaissaient à l'époque. Je n'étais pas lunatique et apathique pour rien.

Je crois que je me tenais en retrait à cause de cette différence. Je sentais bien que je n'étais pas comme les autres, mais je ne savais pas ce que j'avais de particulier. En fait, je ne me sentais pas à la hauteur des attentes des autres, en classe comme à la récréation. Par exemple, je ne savais pas trop où me placer au ballon-chasseur. Je jouais pour me faire éliminer bien plus que pour gagner. Il n'y a qu'au hockey que tout se passait bien ; j'avais développé un certain style et j'aimais donner un bon spectacle. Peut-être étais-je alors un personnage, ce qui me permettait de me laisser aller sur la patinoire de l'aréna. Peut-être étais-je mieux dans la peau d'un autre.

Plus j'avançais en âge, plus je devenais anxieux à l'idée de grandir. Je voyais bien que je me dirigeais vers l'adolescence, et cela me donnait le vertige. Peut-être aussi commençais-je à sentir des pulsions à l'intérieur de moi. Pulsions de vie et pulsions de mort se côtoyaient plus ou moins inconsciemment dans mon théâtre. J'étais habité par des pulsions tantôt sexuelles, tantôt agressives, alors que d'autres fois, j'étais animé par des pulsions de mort.

Je ne veux pas dire que je voulais m'enlever la vie, ni prendre celle d'un autre. La pulsion de mort (Thanatos) fait partie du développement naturel d'un individu. Si vous êtes parent et que votre enfant est très en retard, quels scénarios traversent votre esprit ? D'où viennent ces idées ? D'une pulsion de vie (Éros) ? Non, Thanatos est en nous, tout comme Éros. Enfants, nous avons une pulsion de vie tout court. Mais parfois, certaines attitudes et certains comportements semblent nous présenter des côtés sombres de nous sur le plan pulsionnel. Qui crucifie les enfants sur les murs? Qui nous sensibilise ou nous fait penser à la mort, à notre propre mort? Par contre, cela n'est qu'un fantasme qui vient directement du monde pulsionnel et affectif aux couleurs de Thanatos.

Qui, au moins une fois dans sa vie, n'a pas pensé au suicide? D'où provient le besoin d'animer ces idéations en nous? C'est encore une fois de Thanatos. La pulsion de mort est souvent responsable du sabotage ou de l'autosabotage de liens, de relations, de parties de soi, d'une partie de l'autre, etc. Vers onze ou douze ans, nous sentons la vie couler dans nos veines. Il s'agit seulement de la naissance du volcan. À cet âge, la libido passe à un autre stade; une nouvelle énergie est disponible dans notre corps. C'est la pulsion de vie qui prend de la place. Celle-ci peut parfois même s'accommoder de la pulsion de mort pour se propulser, c'est-à-dire que la pulsion de mort peut soulever une angoisse existentielle qui peut suffire à mobiliser la pulsion de vie.

Dans mon enfance, que je considère comme pas ordinaire, j'ai accumulé beaucoup de colère dont je porte toujours l'empreinte. Cette colère est combinée à celle que j'ai réprimée durant mon adolescence et ma jeunesse. Très jeune, j'espérais mourir autour de quarante, quarante-cinq ans. J'avais l'impression que, passé cet âge, nous vieillissions et devenions un peu stupides de nous penser parvenus. Maintenant au milieu de la quarantaine, je ne suis pas du tout pressé de mourir. Je veux vivre le plus longtemps possible, sans maladies physiques.

Chapitre II

L'adolescence... L'ado les sens

Adolescence : rituels de passage

J'ai amorcé mon adolescence comme j'ai quitté mon enfance, c'est-à-dire que je demeurais en retrait, timide et passif. À douze ans, j'allais connaître la cour des grands. J'étais mort de trouille à l'idée de vivre cette transition entre le primaire et le secondaire et, du même coup, entre l'enfance et l'adolescence. Pour la plupart, cela peut sembler banal. La vie suit son cours, c'est une étape normale. Certains jeunes peuvent être placés dans n'importe quelles circonstances et ils seront toujours à leur aise. Cependant, plusieurs ne sont pas équipés pour faire face à ces rituels de passage. Moi, on me donnait des jambettes : voilà mon initiation. Mais cette fois, je grandirais aussi et j'apprendrais à me faire respecter.

Passer du primaire au secondaire est une étape importante dans la vie d'un enfant. Pour ma part, j'avoue que cela m'angoissait beaucoup, en début d'année. Je trouvais que tout allait beaucoup trop vite à mon goût : prendre des notes, faire tel exercice, préparer tel examen, etc. Je ne parvenais pas à suivre la cadence. Je n'aimais pas plus la cour des grands que celle des petits. Je n'étais peut-être pas fait pour l'école. Je n'étais peut-être pas fait pour vivre tout court ! Je sentais que je ne cadrais pas avec la réalité.

Je faisais du bruxisme inconscient, c'est-à-dire que malgré l'importante tension musculaire qui s'exerçait au niveau de ma mâchoire, je ne ressentais pratiquement rien, sauf lorsque je me blessais la langue et l'intérieur des joues. En réalité, je me mordais la langue d'une façon ou d'une autre, car deux prémolaires avaient poussé dans mon palais. Alors, lorsque je resserrais les mâchoires, mes dents, très longues et pointues, et que l'on pouvait apercevoir lorsque j'ouvrais la bouche, appuyaient fermement sur ma langue. Parfois, des gens me faisaient des remarques; la plus classique: «Es-tu un vampire?»

L'angoisse scolaire

Durant mon adolescence, je me confondais avec les murs, je continuais à me faire oublier. En première secondaire, j'éprouvais beaucoup de difficulté sur le plan scolaire. J'étais encore lunatique et plus rien n'allait à l'école. Je vivais déjà le stress d'être dans une polyvalente qui comptait environ deux mille élèves; j'allais devoir composer avec une angoisse qui avait décidé de nicher dans mon corps. J'étais également habité par une pensée récurrente: celle que je n'allais pas y arriver, que j'allais échouer mon année scolaire. C'est bel et bien ce qui s'est produit: j'ai obtenu une moyenne de 42 %. À cette époque, cela ne prenait que 50 % pour réussir!

La polyvalente m'angoissait au point que j'en avais la nausée. Quand j'y étais, je voulais la quitter à tout prix, et quand j'en étais sorti, j'appréhendais mon retour. Je souffrais d'anxiété scolaire contextuelle. «J'étais malheureux pour vrai[9].» J'étais même probablement en détresse, mais je n'avais personne vers qui me tourner. Décidément, ce changement m'affectait beaucoup. L'idée d'aller consulter en psychothérapie était à des années-lumière de moi.

J'ai donc échoué ma première secondaire parce que j'étais incapable de m'investir dans cette nouvelle école qui représentait une prison, comme mes écoles primaires. Je faisais encore du temps et je voulais toujours m'évader de ce lieu. Alors, je me réfugiais dans ma tête; je devenais un lunatique conscient de l'être. Je n'avais pas besoin de Ritalin ou de quoi que ce soit d'autre. Certes, j'étais inattentif, mais je n'étais surtout pas hyperactif. Au contraire, j'étais plutôt hyperpassif. Je me réfugiais dans ma tête afin de m'appartenir, c'est-à-dire que je devenais un libre penseur qui n'était pas obligé de faire une tâche ou une autre. C'était vraiment un refuge, car personne ne pou-

9. Bélanger, Daniel. (1996) *Quatre saisons dans le désordre*. Audiogram.

vait m'atteindre en me retirant le droit de penser librement. Personne ne pouvait accéder à mes réflexions ou à mes idées.

À l'école, mon angoisse et mes craintes trouvaient aussi leur raison d'être en partie dans le fait que le brouhaha des déplacements me rappelait les hallucinations de mon enfance. Il y avait beaucoup de bruit dans cet établissement de deux mille élèves. Les jeunes parlaient fort, quand ils ne criaient pas. Et toute cette activité – les bruits de la cafétéria, les cabarets qui s'entrechoquent, les casiers, etc. – augmentait mon niveau de stress, qui demeurait critique. Mais ce n'était pas seulement du stress. J'éprouvais aussi un sentiment de mal-être qui s'apparentait à un vide, accompagné d'une angoisse profonde. Comment combler ce vide, ce manque, autrement qu'en conduisant une mobylette ou une automobile ? En fait, le monde matériel ne palliait que temporairement ce manque.

À quoi ressemblait ce vide ? À un inconfort intérieur qui affectait sûrement mon énergie. Je sentais parfois ce malaise au niveau du plexus solaire et du ventre. Apparemment, cela se passait surtout dans le cœur et dans les tripes, deux régions qui sont plus ou moins associées au monde émotionnel. J'avais parfois des céphalées de tension, mais rien d'anormal. Je crois que mon corps voulait m'exprimer des choses. Je me sentais seul face à cette foule et loin de chez moi. Je devais tout faire par moi-même. Dans mes classes, il n'y avait personne de mon village, sauf deux filles avec lesquelles je n'étais pas intime. Je me sentais perdu dans un nouveau monde stressant et anxiogène.

À mes débuts à l'école secondaire, j'étais complètement égaré. C'était un vrai labyrinthe dont je ne connaissais pas les issues. Par surcroît, je me faisais intimider, comme au primaire. On faisait tomber mes livres, on me disait des paroles blessantes, on transformait mon nom pour le ridiculiser, bref, la routine habituelle. En plus, je souffrais d'acné faciale, et l'on me chantait : « Ah ! les fraises et les framboises, jamais j'en ai tant vu... » Par contre, j'apprenais à me faire des amis.

Je me fais des amis

J'ai commencé à m'investir au sein de deux groupes d'amis différents. Le premier était composé de rejets de l'école ; nous étions cinq ou six.

Les membres du second venaient pratiquement tous de la paroisse où j'habitais. Nous étions au-delà de vingt-cinq garçons et filles. Paradoxalement, ce groupe comptait mes trois principaux intimidateurs (prédateurs de faible gibier). C'est alors que je me suis lié d'amitié avec mes ennemis.

J'avais enfin un répit; un grand poids sur mes épaules disparaissait pour ne plus jamais revenir. Surtout que mes ex-prédateurs me faisaient des confidences lorsqu'ils n'étaient pas bien, souvent en raison de déceptions amoureuses. Mes anciens ennemis devaient me faire confiance pour partager avec moi leurs joies et leurs peines. Il n'y avait plus de retour en arrière possible. L'intimidé le devenait de moins en moins.

Mais même si je devenais ami avec mes ennemis, je ne me transformais pas pour autant en intimidateur, et je dénonçais ouvertement l'intimidation quand je le pouvais, directement auprès des prédateurs. Tranquillement, j'évoluais et je prenais de l'assurance. Je me faisais maintenant défenseur des personnes intimidées.

Je continuais malgré tout à me tenir avec quelques rejets de l'école.

Une mutation

À partir de l'âge de treize ans, j'étais en mutation, ma personnalité se modifiait. Je changeais, j'allais devenir quelqu'un d'autre, j'allais m'émanciper, à mon grand bonheur. Je n'étais pas heureux d'être en retrait, timide et passif. Maintenant, je devenais extraverti, complètement à l'opposé de ce que j'étais auparavant. J'avais enfin beaucoup de plaisir dans un des aspects de ma vie, c'est-à-dire dans mes relations avec mes pairs. J'obtenais de la reconnaissance et je gagnais même en prestance.

Avec le temps, je suis devenu un excellent blagueur et imitateur, un clown qui cherchait toutes les occasions pour en placer une. J'avais aussi de la suite dans les idées. Alors, je me suis mis à me servir de mon nouveau talent. Je pouvais faire rire mes pairs, je pouvais les distraire et me sentir apprécié pour mon humour et mes niaiseries. En plus de faire des blagues à n'en plus finir, j'imitais mes amis ainsi que mes enseignants, ou encore des célébrités. Je devenais enfin populaire, mais ma condition demeurait précaire. J'étais encore étrange aux yeux de certaines personnes. Par ailleurs, j'attirais beaucoup l'attention de ma famille, auprès de laquelle je testais mes blagues. Souvent, dans les soirées, on me demandait d'imiter le saxophone ou un artiste en particulier. J'étais l'André-Philippe Gagnon du patelin.

Dans mon petit village, quand on était un étranger, on le demeurait jusqu'à sa mort, à moins de s'unir dans le mariage avec une personne de l'endroit. J'y ai vécu une dizaine d'années, de l'âge de sept à dix-huit ans, avant d'aller m'établir en ville. Ce n'est que lorsque je me marierai avec une femme née dans ce village peu accueillant que j'aurai davantage de considération de la part des gens, et même de mes pairs.

Vers treize ou quatorze ans, je demeurais timide, mais je développais mon sens de l'écoute et j'améliorais mon entregent. Je devais déjà en posséder un peu, car je communiquais avec les clients lorsque je travaillais pour l'entreprise familiale. Depuis tout jeunes, nous avions notre père comme exemple de façon de prendre soin des autres. Sans la savoir, il était comme un Dale Carnegie[10] des contacts humains : attentionné, généreux de son temps, patient, blagueur, etc. Bref, à peu près tout ce qui me manquait...

Le travail chez les cultivateurs

En vieillissant, mon frère et moi étions de plus en plus impliqués dans l'entreprise familiale. Par surcroît, nous travaillions pour les fermiers du coin. Je me souviens de la chaleur torride qu'il faisait à ramasser de la roche sur une terre poussiéreuse ; nos lèvres sèches craquaient parfois quand nous souriions. Nous attrapions par les pattes des poules ou des poulettes en liberté : quatre par main, si nous le pouvions, têtes en bas. Les ergots nous déchiraient les pouces et les index.

Je me rappelle aussi le temps des foins. J'adorais l'odeur de la tasserie et j'aimais bien m'y retrouver. Je ne pouvais toutefois pas y rester très longtemps, car j'étais asthmatique et j'avais du mal à respirer en raison de la poussière. Je me souviens surtout d'avoir nettoyé à fond

10. Carnegie, Dale. (1936) *Comment se faire des amis*. Éditions Hachette, 1990.

des poulaillers en portant un masque qui ne bloquait pas les odeurs. Il n'y a probablement pas pire odeur que celle qui se dégageait lorsque nous donnions un coup de gratte autour d'un abreuvoir. Cela nous soulevait le cœur. C'était indescriptible, vraiment dégueulasse !

Petite anecdote à propos de la sexualité

À treize ans, j'étais bien loin de connaître la sexualité. Mais j'étais vivant et j'avais une libido qui cherchait à s'exprimer à travers mon corps. Même si j'avais des érections, je ne connaissais pas la masturbation. Dans ma jeune tête, je croyais que le pénis ne pouvait servir qu'à copuler avec une partenaire, mais je ne savais pas très bien comment le tout se passait. Un jour, j'ai vu un ami faire un mouvement explicite avec son poignet et sa main, et j'ai fait le lien avec ses paroles : « Va donc te masturber ! »

Alors que j'étais chez moi et que toute la famille était partie, je me se suis retrouvé nu, comme j'ai toujours apprécié l'être, surtout au chalet quand j'en avais l'occasion. Je me suis masturbé et j'ai éjaculé par terre. Je ne comprenais pas ce qui m'était arrivé : un liquide blanc était sorti de mon pénis. Une grande angoisse m'a envahi soudainement. Je croyais fermement que Dieu m'avait puni et condamné à uriner blanc pour le reste de ma vie. Lorsque je suis allé faire pipi à la toilette, j'ai connu un très grand soulagement en constatant que tout était sous contrôle. J'ai conclu qu'il n'y avait peut-être pas tant de danger à agir ainsi, alors plus tard j'ai recommencé...

Il semble y avoir dans l'inconscient collectif des judéo-chrétiens l'idée qu'il faut s'attendre à une conséquence négative quand on a eu droit à un peu de plaisir. Je crois que j'avais acheté cette conception, et elle m'a suivi longtemps, passant à travers mes attitudes et mes comportements. Il s'agit encore là d'un certain combat entre le bien et le mal : un ange sur une épaule et un démon sur l'autre. Le premier nous répète de ne pas faire cela, et l'autre nous souffle à l'oreille : « Fais-le, fais-le ! »

En ce qui a trait au plaisir sain, c'est sans risque, mais en ce qui concerne les excès, la facture nous attend au détour. Que ce soit pour le sexe, la drogue ou le rock and roll, il y a toujours un prix à payer.

Pour ma part, vers la fin de mon adolescence, mon plus gros problème était la consommation d'alcool. On encensait les gros buveurs dans mon village. Souvent, l'espace d'un instant, on devenait une vedette lorsqu'on parvenait à boire quatorze, seize, dix-huit bières même, encouragé par les cris de joie des compagnons de foire.

Chez nous, la sexualité était une dimension non seulement taboue, mais proscrite. Surtout, il ne fallait pas en parler. Mon père m'avait dit, lorsque j'avais une quinzaine d'années, qu'il fallait être respectueux envers les femmes. C'était un bon conseil que j'allais suivre. Je demeurerai moi-même vierge jusqu'au début de mes dix-huit ans. Un dimanche soir, j'étais au bar ; je travaillais le lendemain à sept heures, dans la forêt. Il était trois heures du matin quand la barmaid m'a dit que je lui plaisais. Je l'ai ramenée avec moi dans le fond de la Beauce. Nous sommes sortis ensemble environ deux semaines. C'est elle qui a emporté ma virginité.

À la maison, lorsqu'on voyait une paire de seins à la télévision, on s'empressait de changer de chaîne, comme si le malin allait surgir devant nous si nous regardions un morceau de peau frappé de l'interdit parental. J'ai donc dû apprendre à découvrir et à explorer ma sexualité, sans trop comprendre ce qui se passait à l'intérieur de mon corps d'adolescent. J'avais souvent à l'esprit les notions de bien et de mal que mes parents m'avaient inculquées. La sexualité représentait le diable qui pouvait venir habiter mon esprit. Avoir une sexualité active, c'était lui envoyer une invitation directe. Souvent, je sentais un nuage au-dessus de ma tête, comme pour me rappeler que ce que je faisais était mal. Surtout lorsque j'allais voir les *Playboy* et les *Hustler* chez un ami. Je ne pouvais pas regarder des seins à la télé, alors imaginez comment je pouvais être excité d'en voir à volonté, mais aussi des vulves, des pénétrations, bref, de l'érotisme très explicite.

Je soulève l'aspect de la sexualité, car il sera un enjeu important dans mon existence. Quand la sexualité implique une lutte entre le bien et le mal, l'issue n'est pas la même que si on a pu en discuter à table, comme je l'ai vu dans certaines familles. Il semble évident que la mienne en entier était prise au même piège : on ne peut pas vivre une sexualité saine lorsque la culpabilité, la honte ou les remords nous habitent. Mais en vieillissant, j'ai appris à faire la paix avec ma sexualité, et j'ai commencé à la vivre plus sainement.

Structure de personnalité

Mon potentiel était beaucoup plus inhibé lorsque j'étais un jeune garçon qu'à l'adolescence. Mes mécanismes de défense devenaient, me semblait-il, plus souples et plus accessibles. Je constaterai plus tard que cette structure de personnalité était construite sur une base fragile. J'allais me retrouver avec un aménagement structurel psychotique contenant des éléments anaclitiques et bipolaires. Nous reviendrons plus tard sur l'implication de ces importants aspects.

Comme je l'ai déjà dit, à l'adolescence je suis devenu populaire et je m'amusais beaucoup. Je commençais à m'investir davantage dans le monde des vivants, mais je détestais toujours l'école. Je faisais mes travaux, mais j'étudiais très peu, et je n'écoutais pas en classe. Souvent, je n'apportais pas mon sac d'école à la maison. Je suivais en cela l'exemple de mon frère aîné. Par contre, il réussissait sans trop d'effort, ce qui n'était pas mon cas.

J'ai fréquenté la polyvalente pendant quatre ans. Je me transformais à vue d'œil. Enfin, je gagnais de l'assurance. Je pouvais finalement entamer une tentative de réparation de l'estime que j'avais de moi-même. C'est à travers le regard que les autres portaient sur moi que l'opération a débuté. Mais une estime affaiblie par plusieurs blessures narcissiques profondes ne se répare pas de la même façon que quelques blessures superficielles de parcours. Bref, j'ai commencé à être en harmonie avec mes pairs. Au moins, un problème commençait à trouver une partie de sa solution.

Je me nourrissais de devenir le centre d'attraction ; je me nourrissais de devenir le centre d'intérêt. Mon image devenait tout à coup très importante pour moi. À l'époque, je ne comprenais pas que j'avais une jambe et un bras pris dans le grand piège du narcissisme. J'allais lentement glisser vers des besoins narcissiques importants. « Miroir, miroir, dis-moi qui est le plus drôle, le plus intéressant, le plus beau, le plus important... » Rappelez-vous que je me définissais à travers le regard des autres. Nous voilà bien loin d'un narcissisme sain. Mon miroir était l'opinion que l'on avait de moi. C'était difficile : j'avais de l'attention et j'en redemandais encore, comme si j'avais toujours soif.

Mon premier grand amour

À l'âge de quinze ans, j'ai rencontré mon premier grand amour. Elle se nommait Sonia Lambert. Enfant, je n'étais pas vraiment populaire auprès des filles. Mais, comme je l'ai déjà mentionné, j'avais repéré ma future blonde au primaire. Je ne cessais de l'observer dès que j'en avais l'occasion. Nous avions déjà un peu flirté ensemble vers l'âge de dix ans. Mes parents nous avaient aperçus alors que nous nous promenions main dans la main, comme ils le faisaient eux-mêmes. C'est même par imitation que nous avions agi ainsi, car très peu de couples se tenaient par la main dans le village. J'avais eu droit à un sermon sévère. Selon eux, j'étais trop jeune pour avoir une petite amie, même si nous ne faisions rien de « mal ».

Ma blonde, qui était brune, était tout simplement fascinante. Sa beauté naturelle était digne du plus magnifique des paysages de la terre. J'étais très amoureux d'elle. Elle possédait une énergie débordante et un sale caractère. Nous étions parfois comme dans des montagnes russes, mais ce n'était pas grave, puisque j'adorais les manèges et que j'y étais habitué. Par moments, nous fusionnions, et l'intensité de notre relation débordait de l'énergie d'une pulsion de vie. Par contre, nous nous retrouvions parfois comme en duel, dos à dos, à l'opposé de la fusion. C'était la crise, puis l'impasse, suivie d'une séparation.

Lorsqu'on est en relation amoureuse, on transfère des enjeux de son théâtre personnel à l'intérieur de l'espace de cette relation. Comme mes parents m'ont manqué durant mon enfance, je devenais avide d'être en présence de ma bien-aimée. J'étais possessif et jaloux, alors mon amoureuse a pris de plus en plus de distance. « On n'apprivoise pas les chats sauvages, pas plus qu'on met en cage les oiseaux de la terre[11]. » Sonia était plutôt sauvage ; elle fuyait tout bonnement la cage dans laquelle je voulais l'enfermer, comme si elle était consciente qu'elle

11. Marjo. (1986) « Les chats sauvages », *Celle qui va*. Sphère Musique.

ne m'appartenait pas, qu'elle n'était pas un objet qu'on pouvait s'approprier. Elle demeurait donc près des limites de mon territoire affectif, sans s'y perdre.

Ma blonde a dû me laisser une quinzaine de fois en trois ans, dont deux années où elle a fait du gardiennage dans une famille juive à Toronto. Lorsqu'elle me quittait, j'étais anéanti et extrêmement mélancolique; j'avais les *blues*. Parfois, j'avais des idéations suicidaires, mais sans véritables scénarios; je ne serais pas passé à l'acte. Je me demandais à quoi la vie pouvait servir si l'on ne pouvait pas être avec l'être aimé. Mais je ne savais pas véritablement aimer. Je savais conjuguer le verbe, mais j'ignorais comment concrétiser le véritable amour. Celui que j'offrais avait pour assises des fondations de narcissisme primaire.

Lorsque je prends du recul afin de comprendre les raisons pour lesquelles notre couple était voué à l'échec, je suis bien conscient que nous ne pouvions pas continuer à nous aimer à distance. J'étais toutefois très amoureux, même lorsqu'elle demeurait à Toronto. Je lui écrivais entre trois et cinq lettres d'amour par semaine, de cinq à dix pages chacune, recto verso. En retour, j'en recevais une par semaine ou par deux semaines. Quel déséquilibre, direz-vous. En fait, c'était mon avidité qui en était responsable. Mes besoins insatiables auront finalement eu raison de notre couple, bien que par moments nous parvenions, l'espace d'un instant, à nous aimer plus ou moins sainement. J'allais comprendre plus tard combien notre amour n'était pas authentique, ni aussi réciproque que j'aurais voulu qu'il soit. La grande question était: est-ce que je voulais aimer ou être aimé? Je crois maintenant que je désirais avant tout qu'on m'aime; j'aimais pour être aimé...

N'allez pas croire qu'à ce moment j'avais pris conscience de mon avidité et de mes besoins narcissiques non comblés. Cela me prendra quelques années de psychothérapie, lorsque je serai adulte, avant de comprendre quelques enjeux importants qui se sont profilés au cours de mon adolescence. Disons qu'au moment où se jouaient les pièces de théâtre de ma vie, j'étais plutôt aveugle dans la façon dont je m'investissais dans mes relations amoureuses et amicales.

À cette époque, je n'ai pas vraiment compris pourquoi ma relation avec ma première blonde avait été un échec, pourquoi elle m'avait quitté définitivement. Je m'accrochais encore à elle. Je ne savais pas à quel point je pouvais être accaparant. Du point de vue de mes perceptions et de l'analyse que j'en faisais à cet âge, je considérais qu'elle aurait dû être heureuse qu'un bon gars comme moi l'aime autant !

Escapades à Toronto

J'aimais tellement Sonia que je suis parti sur le pouce à seize ans pour aller la rejoindre à Toronto. Je crois que je sous-estimais l'étendue de cette ville : le plus loin où j'étais allé était Montréal. Je me rendais plus précisément à Downview, une banlieue de 360 000 habitants. Sonia n'était pas au courant de ma décision ; je lui faisais la surprise. J'ai quitté mon village vers neuf heures le matin pour arriver chez elle à vingt-deux heures. J'avais atteint mon objectif, probablement un peu guidé par les anges, car j'avais mis sensiblement le même temps en stop qu'en train. Le pire avait été de traverser la Rive-Sud de Montréal, puis la grande ville elle-même.

Elle jouait au badminton avec une amie qui venait d'un village voisin du nôtre. Celle-ci faisait également du gardiennage, pour les voisins d'en face. Lorsque je les ai aperçues au loin, je leur ai dit : « Ne jouez pas trop fort, vous allez briser le moineau ! » Sonia était emballée d'entendre la voix d'un gars du Québec. Mais lorsque je suis passé sous le lampadaire et qu'elle a compris que c'était moi, elle s'est effondrée par terre. Elle débordait de joie. Je crois que je n'aurais pas pu lui offrir plus beau cadeau que mon apparition surprise. Elle en pleurait de joie. J'aimais lui faire des surprises, et là, je m'étais vraiment surpassé. Moi, le petit gars de la campagne, j'avais fait Québec-Toronto sur le pouce pour aller retrouver ma belle, douce et tendre Sonia qui ne s'attendait pas à me voir.

L'homme pour lequel elle travaillait n'a pas accepté que je couche dans leur demeure. Le premier soir, j'ai dormi sous la pluie dans un parc, sous une table de pique-nique. Heureusement que mon sac de couchage était imperméable ! Le lendemain, et le reste de mon séjour, j'ai habité chez Lally, un ami indien de Sonia qui demeurait avec son père. Ce dernier me répétait: «*Take a shower, take a shower!*» Je ne comprenais rien à ce qu'il me disait. Lally m'a amené en moto aux chutes Niagara, mais nous étions incapables de communiquer, alors nous étions embarrassés ensemble. Comme la journée a été longue! Nous aurions eu besoin d'un PlayStation ou d'un Nintendo, mais nous commencions à peine à voir le bout du nez du Commodore 64. C'est incroyable comment la technologie a évolué depuis ce temps.

En Inde, on parle aussi rapidement que des moulins à paroles. Lorsque Lally parlait indien avec son ami Heigbald, je ne saisissais rien de la conversation, bien sûr, mais je me demandais comment ils parvenaient même à se comprendre entre eux. Si au moins j'avais maîtrisé un peu l'anglais. Cela avait été la même chose avec le dernier conducteur qui m'avait pris en stop. Nous avions roulé près de cinq heures ensemble sans parvenir à communiquer. Il avait tout de même été très gentil, car il m'avait laissé à deux coins de rue de l'endroit où je devais me rendre. Heureusement, car sinon il m'aurait fallu la nuit!

En tout, je suis allé à quatre reprises à Toronto, mais les trois autres fois, j'ai pris le train. Un jour, j'ai rencontré un barman du Hard Rock Cafe situé sur Yonge Street, à Toronto. Nous avons fumé un joint de haschisch dans la voiture-bar du train. Il y avait là deux gars qui fumaient de l'huile. Nous avons fait connaissance et échangé nos joints. J'étais tellement gelé que je suis allé me coucher sur mon siège. Mon nouvel ami est venu me trouver et m'a proposé un comprimé de je ne sais trop quoi. En l'espace de quelques minutes, les yeux grands ouverts, je suis retourné au bar: j'étais en train de manquer quelque chose... Il a dû me donner du *speed* de l'époque, un genre de *wake up*, je ne sais pas vraiment. Puis nous avons à nouveau fumé des joints.

Lorsque je suis descendu du train, mon tendre amour m'attendait. Moi, je flottais sur un nuage, totalement zen. Mon amoureuse se demandait ce qui se passait, alors je le lui ai raconté. J'ai dû mettre cinq heures à dégeler. Sonia se moquait de moi. À l'époque, je commençais à consommer, mais seulement à l'occasion. Ma copine, pour sa part, ne touchait jamais à ces substances.

C'est surprenant parfois la distorsion qu'il peut y avoir entre certains besoins primaires et l'amour durable[12]. Je ne savais pas aimer, et encore moins être aimé. L'amour n'était qu'un concept pour moi. Si je me donnais à elle, elle se donnerait forcément à moi ! Voilà une conception qui ne respecte pas les lois de la logique aristotélicienne. Je faisais certes plaisir à ma blonde, mais je cherchais trop à faire plaisir, je devenais envahissant. Un amour basé sur des besoins narcissiques n'est pas un amour authentique.

La place du narcissisme

Durant mon adolescence et jusqu'à l'âge adulte, ma personnalité allait se profiler en se raffinant autant que faire se pouvait, c'est-à-dire autant que j'en avais le potentiel. Tout au long de mon secondaire, de douze à dix-sept ans, je suis passé de timide, introverti et peu investi socialement à un jeune extraverti et plein d'énergie. L'humour était à l'honneur et j'attirais l'attention de mes pairs, les garçons comme les filles, même si je n'étais pas toujours conscient des enjeux qui se tramaient pour l'avenir concernant la place qu'occupait mon narcissisme.

Mais tout n'était pas que narcissisme. J'étais capable d'éprouver de la culpabilité, du regret et de la honte devant mon imposture. Mes intentions étaient-elles bonnes ? J'en doute à présent. Par contre, je dirais que j'avais un bon fond chrétien qui venait tempérer mes besoins en les balisant de croyances et de valeurs.

Je mettais de l'avant le principe de plaisir, ce qui était plutôt coûteux en énergie dépensée à la recherche de plaisirs immédiats. Ouf ! c'est fatigant ; on ne profite pas de la vie qui passe, pendant ce temps-là. Au fond, heureusement que j'avais mes valeurs et mes croyances de l'époque afin de baliser ma pulsion de vie. J'aurais pu être drôlement déplaisant à l'adolescence, prendre une tangente qui n'aurait pas été commode, narcissiquement parlant. Je ne faisais pas de mal. Je ne voulais pas briser mon miroir (ma réputation, mon image). Il est vrai, cependant, que j'ai fait quelques conneries quand j'étais jeune, dont

12. Vézina, Jean-François. (2008) *L'aventure amoureuse : de l'amour naissant à l'amour durable.* Les Éditions de l'Homme.

certaines qui ne peuvent se raconter. Je n'avais plus l'allure « sage comme une image ». J'avais un *look bum* avec mes bottes à caps d'acier délacées, un jeans, un coton ouaté et, surtout, une veste à carreaux comme celle des chasseurs. Il ne me manquait que les cheveux longs, et cela n'allait pas tarder...

L'image de mes idoles

Vers quinze ans, j'ai commencé à découvrir la musique, à laquelle m'initiait en partie mon frère aîné. J'affectionnais tout particulièrement les groupes comme Rush, Queen, Supertramp, Styx, Boston, Led Zeppelin, Pink Floyd, AC/DC, Iron Maiden, Black Sabbat et, plus particulièrement, Kiss. J'avais, dans ma chambre, des affiches de ce groupe étalées sur les murs et le plafond. On pouvait entre autres y voir mon batteur favori en pleine action dans un solo sur *Kiss Alive II*[13], solo que j'ai souvent tenté de reproduire.

C'est notamment à partir de ce moment que j'allais m'imposer. J'avais d'ailleurs déjà commencé avec mes affiches dans *ma* chambre. J'allais maintenant me laisser pousser les cheveux comme mes idoles. Je disais que je voulais me faire tatouer un aigle sur l'épaule droite, comme pour signifier que j'allais prendre mon envol, c'est-à-dire quitter le foyer familial, ce que j'ai fait en allant étudier en foresterie à l'autre bout de la Beauce, passé Saint-Georges. Je portais aussi un collier dont le bijou, d'environ quatre centimètres de large, était une feuille de cannabis en or, avec lequel je me baladais partout, curieusement.

Plus mon adolescence avançait, plus je me rebellais contre ma mère, comme si je devais m'affranchir afin de devenir un homme indépendant. Bien sûr, il y a eu la consommation de cannabis, de haschisch et de bière. En fait, j'étais davantage un consommateur d'alcool que de drogue. Je rentrais au petit matin. Parfois, je croisais ma jeune sœur qui partait pour l'école. Je devenais un problème pour mes parents. Enfin, j'existais pour quelque chose. Je préférais être un problème que quelqu'un qu'on peut bafouer ou mettre de côté. De sage gamin que j'étais, je devenais un adolescent rebelle.

---

13. Kiss. (1977) *Kiss Alive II*. Mercury Records.

Je quitte le foyer

J'ai dû quitter mon petit village pour un autre pendant deux ans pour suivre mon cours de garde-forestier, entre l'âge de seize et dix-sept ans. Enfin libre, je faisais tout ce que je voulais à l'heure qui me plaisait. Mais je me rendais encore à l'église la semaine pour me recueillir. Je priais pour moi et pour ma blonde.

J'étais très bien dans le fin fond de la Beauce : plus de cris, plus de crises, plus d'occasions de voir mon père s'affaisser. Je me tenais loin des problèmes de la maison. Je me sentais libre.

J'habitais en chambre avec quatre autres gars. Nous avions beaucoup de plaisir ensemble à nous faire les quatre cents coups. Étonnamment, l'un d'eux était un des intimidateurs de mon enfance et du début de mon adolescence. Une fois, nous nous étions bagarrés. Je pense qu'il avait oublié que je me battais pratiquement à chaque partie de hockey que je jouais. Il n'était pas de taille et il a eu sa leçon devant ses pairs témoins de la scène. J'aurais pu lui faire très mal, mais je me suis contenu. Le lendemain, il s'est réveillé avec un torticolis et l'humiliation d'avoir perdu son combat à mains nues contre son ancienne victime. La bagarre avait éclaté alors qu'il intimidait un de mes amis en lui lançant de l'eau de façon totalement gratuite. J'ai pris sa défense. Je me suis servi d'une technique que j'utilisais au hockey. Il s'agit de prendre le chandail de l'autre dans le bas du dos pour le rabattre sur sa tête et ses bras. L'adversaire immobilisé, on n'a besoin que d'une main pour tenir fermement le chandail en place. Puis on frappe avec l'autre main.

Les autres ne savaient pas qu'il avait déjà été mon bourreau. Je crois que ma pulsion de mort faisait naître un désir de vengeance, l'envie de prendre une revanche ferme, afin de l'humilier complètement dans sa tête et dans son cœur. Je n'avais pourtant pas un esprit de vengeance, en réalité. Dans ma tête, je m'étais vengé trois cent trente fois plutôt qu'une, mais concrètement, jamais. C'est fou, mais cela m'a fait du bien de le planter ! Je crois en l'existence du karma. Tôt ou tard, nous payons pour nos bêtises. Quoique certains s'en sortent mieux que d'autres.

Des amours d'adolescence

À l'école, deux filles couraient après moi. L'une s'appelait Josée Morin et l'autre Marina Lachance. Josée, dont la beauté et la spontanéité avaient su frapper le cœur d'un de mes colocataires ainsi que le mien, était une grande amie. J'aimais revenir de l'école à pied avec elle ; on discutait et on se taquinait. Nous nous courtisions aussi le soir, après le souper. C'était une amitié amoureuse. Je crois que Josée m'aimait profondément, mais j'étais déjà en couple. Je l'aimais aussi, mais nous n'avons jamais « rien fait » ensemble. Un soir, alors que nous étions dans ma chambre pour discuter, je me suis penché vers elle pour l'embrasser, mais je ne l'ai pas fait, car je sortais encore avec Sonia, quoiqu'à distance. Josée était insultée que j'aie agi de cette façon. Elle s'est tenue à l'écart pendant un bon bout de temps. Je m'étais trouvé un peu cruel.

C'est alors que j'ai connu Marina, une très jolie fille de un mètre cinquante-deux. Elle embrassait tellement bien que je ne parvenais pas à la laisser quand la cloche sonnait. Nous n'avions pas le droit de nous embrasser sur le terrain de l'école, mais nous nous en fichions. Heureusement, nous ne nous sommes jamais fait prendre. Je me permettais de flirter avec elle, car Sonia m'avait laissé, encore une fois. Au moment où je suis devenu célibataire, Marina ne l'était pas. J'allais apprendre qu'elle sortait avec un gars depuis environ deux ans. Elle voulait le laisser pour moi, mais je lui ai dit de ne pas le faire : je n'étais que de passage dans cette école. J'aurais tout de même apprécié qu'elle soit disponible, la connaître davantage, faire des projets et demeurer dans le fond de la Beauce avec elle. Elle voulait me suivre, peu importe où j'irais. Notre amour était passionnel et flamboyant : nous aurions pu incendier l'école d'un simple et tendre baiser. Mais je ne voulais pas d'un ménage à trois. Raison, passion ? La raison allait l'emporter, cette fois. Même si, après mon cours, j'ai travaillé tout près d'elle, pour l'Union des producteurs agricoles du Québec à Saint-Georges-de-Beauce, je ne suis pas entré en communication avec Marina, ni avec Josée d'ailleurs.

Je n'étais plus disponible, de toute façon, car j'allais revenir en couple avec Sonia. Marina était très déçue. Tendre Marina, elle me connaissait à peine et elle aurait voulu m'épouser. Un jour, environ un an après la fin de mes études, je suis retourné à mon école secondaire afin de saluer mes anciens professeurs. En quittant les lieux, j'ai aperçu Marina qui suivait son groupe pour aller à la bibliothèque. En me voyant, elle est venue vers moi. Je portais un complet gris foncé avec de fines lignes jaunes, une chemise blanche et une cravate rouge. J'avais des mèches blondes dans mes longs cheveux bruns bouclés. Je crois que je l'attirais vraiment, car elle s'est assise à côté de moi pour me prendre la main et m'embrasser. J'ai interrompu son geste, même si mes pulsions disaient: « Vas-y, vas-y ! » Je l'ai arrêtée, car je sortais avec celle qui deviendrait la mère de ma plus vieille. Marina voulait tout quitter pour me suivre. Elle me suppliait. Si j'avais été disponible, j'y aurais peut-être réfléchi à deux fois.

Il y avait également Line Duclos, que j'appréciais beaucoup et que je fréquentais la fin de semaine, lorsque je ne sortais plus avec Sonia. Tout ce qui comptait pour nous, c'était de nous embrasser, ce qu'elle faisait très bien. Elle était la cousine de la mère de ma fille la plus vieille, que je vous présenterai plus tard.

Enfin, vers l'âge de seize ans, je suis sorti pendant deux mois avec Chantale Brochu, qui habitait la petite ville près de mon modeste village. Elle était âgée de quatorze ans et n'avait pas encore eu d'expérience amoureuse sérieuse. Elle était vraiment jolie et devait mesurer environ un mètre cinquante-deux, comme Marina. Elle me laissera subitement, sans avertissement, après seulement deux mois de fréquentations. Je ne saurai jamais pourquoi. Mon hypothèse la plus sensée est que sa mère a dû remarquer quelque chose de différent dans la lessive de sa fille... Bref, je pourrais me poser mille questions et obtenir mille réponses.

Il faut aussi que je vous parle de Gilles, mon meilleur ami de l'époque. Nous le surnommions Gillo. Je passais de grandes soirées avec lui à parler de tout et de rien, et à garder parfois le silence pour apprécier la valeur de nos rencontres. Je me tiendrai avec lui pendant environ six ans. Plusieurs années plus tard, lorsque nous renouerons, il m'avouera son homosexualité et le fait qu'il était amoureux de moi. J'ai trouvé cela très touchant et flatteur. Du coup, j'ai compris pourquoi il me raccompagnait jusque chez moi à pied. Disons que je réalisais plein de choses qui, à l'époque, m'avaient paru anodines.

À l'adolescence, plus j'avançais en âge, plus je devenais un amant de la nature. Après l'école, j'allais souvent marcher dans le bois. Je m'y sentais libre. Parfois, je me mettais nu dans la forêt et j'appréciais la caresse du vent sur mon corps. Comme au chalet, j'aimais pratiquer le nudisme solitaire. Quand quelqu'un arrivait, je le voyais s'approcher dans la grande côte et j'avais le temps d'enfiler mon maillot. Je faisais aussi du nudisme de groupe quand j'allais aux chutes, non loin de mon village. Entre gars, nous étions habitués de nous voir nus dans les vestiaires de hockey, alors il n'y avait aucune gêne. Pour les filles, cela semblait moins naturel. Je crois que la plupart du temps, elles sentaient une certaine pression, mais qu'elles n'aimaient pas cela. Par contre, certaines étaient totalement à l'aise avec leur nudité.

Ma première voiture, mes premières libertés

À dix-sept ans, j'ai acheté une voiture avec une partie de l'argent que j'avais gagné en travaillant à l'épicerie et pour les fermiers du coin. Je me sentais libre. Je pouvais me rendre partout où je le désirais et j'en avais besoin pour aller travailler dans le bois. C'était une Chevrolet Chevelle 1977 deux portes. J'en étais très fier. Tellement que, un après-midi ensoleillé, j'ai décidé de la laver pour la toute première fois. Je trouvais que le savon était très efficace, mais je ne comprenais pas pourquoi mon chiffon devenait de plus en plus vert forêt, comme la couleur de ma voiture... Le produit était en fait du M. Net ! Après quelques averses de pluie, la couleur de ma voiture est devenue mate. Je me trouvais totalement ridicule. Évidemment, je ne me vantais pas de cet exploit auprès de mes pairs.

Une fois, mes amis et moi avons fait la fête sur un terrain de camping. Nous étions une quinzaine à prendre un bain de minuit dans le lac. Je me suis endormi et tout le monde est parti à mon insu. Je me suis réveillé vers cinq heures et demie du matin, sur une table de pique-nique, alors que le soleil se levait ; j'avais dû dormir une heure ou deux. Quand je me suis rendu compte qu'il n'y avait plus personne, j'ai sauté dans ma Chevrolet et j'ai embrayé en marche arrière. J'ai écrasé un jeune peuplier faux-tremble d'environ quatre mètres sous l'aile droite de ma voiture, de sorte que le pauvre arbre s'est retrouvé couché au sol. Mon pare-chocs avant a aussi arraché une partie de son écorce, mais je n'avais pas le temps de faire attention ; je devais faire comme les autres : m'enfuir. Autrement, c'est moi qui aurais fait les frais de notre petite escapade nocturne. Plus tard, les autres m'ont dit qu'ils avaient essayé de me réveiller, mais que j'étais trop *scraped*. Je me souviens de m'être rendu au restaurant du village voisin pour me remettre de ma virée[14].

C'est la Sûreté du Québec (SQ) qui desservait notre village. Les policiers sont débarqués au camping en raison d'une plainte pour grabuge. Nous n'avions pas payé notre entrée (nous venions seulement nous baigner...) et je ne sais combien de bois nous avions volé au propriétaire, un charmant vieil homme. En plus, j'avais abîmé un jeune arbre. Ce n'était pas très intelligent, notre affaire. Je me sentais d'autant plus coupable que nous avions nous-mêmes un commerce.

C'est pourtant ainsi quand nous sommes jeunes : nous posons des actes irréfléchis qui pourraient avoir de très mauvaises répercussions. Entre seize et vingt ans, nous nous sentons invincibles : rien ne peut nous arriver ! Mais nous savons que ce n'est pas le cas. Conduire en état d'ébriété, ce n'était pas responsable. De nos jours, c'est criminel. J'ai perdu des amis dans des accidents survenus après des soirées bien arrosées. D'autres ont subi des lésions permanentes au cerveau. À dix-sept ans, une grosse voiture et une grosse caisse de vingt-quatre ne faisaient pas bon ménage. Mais il n'y avait pas de Surmoi[15], cette police intérieure. Les jeunes dans les bars, c'était fréquent, quelques-uns de quinze, seize et dix-sept ans. Certains parmi eux conduisaient sans permis ; d'autres buvaient en conduisant. Moi, j'avais la sagesse de me dire : « Jamais au volant » ; avant ou après, c'était autre chose...

Sinon, je n'étais pas du genre à faire de vrais mauvais coups, sauf peut-être voler du pain frais à la boulangerie voisine : sorti du four, chaud et tendre à souhait. Nous y allions vers vingt-trois heures et nous étions très organisés. C'était un jeu d'enfant, car nous voyions à travers les fenêtres du bâtiment et nous pouvions ainsi connaître

---

14. Il n'y a rien de mieux pour cela que d'engloutir un gros déjeuner bien gras ou un trio Big Mac !

15. Le Surmoi correspond à l'instance morale qui juge et qui crée les balises des activités du Ça et du Moi.

les allées et venues des employés. Nous n'avions qu'à faire signe aux deux ou trois voleurs de baguettes et de petits pains ronds qui allaient rapidement saisir le butin. C'était tellement bon ! En plus, nous avions du beurre, car nous allions sur la galerie chez moi pour les manger. Nous envoyions la main à ceux qui passaient et qui étaient parfois des employés là-bas. Quelqu'un devait bien se rendre compte qu'il manquait des produits. Nous ne nous sentions pas coupables, car le pain ne coûtait pas très cher à cette époque. De plus, nous avions des amis qui travaillaient dans cette boulangerie et qui volaient du pain avec nous. Encore une fois, pas de « police » : la route était belle !

Je sais : qui vole un œuf vole un bœuf. Mais nous n'étions pas vraiment des voleurs, même si nous avions commis deux ou trois vols à l'étalage dans des magasins à grande surface. Certains d'entre nous ont été pris sur le fait, mais les conséquences étaient plutôt légères : rendre le matériel et subir les foudres de nos parents.

Tabac, alcool et haschisch

Vers quinze ans, j'ai commencé à fumer la cigarette à temps plein et des joints de haschisch à temps partiel. C'était le bon vieux temps. Nous allions au chalet pour écouter Francis Cabrel[16], Paul Piché[17] ou Plume Latraverse[18]. Bien sûr, nous faisions aussi jouer du rock, tout le monde assis autour d'un feu de joie. Vers la fin de mon adolescence, entre 1981 et 1984, il y avait une explosion de créativité musicale et visuelle.

Entrer dans un bar sans carte d'identité m'intimidait. Je me sentais toujours hors-la-loi. Finalement, je n'aurais pas fait un bon délinquant, je crois. Je suis beaucoup trop émotif pour cela. J'ai un Surmoi trop fort. Si je n'avais pas eu cette instance morale pour baliser ma conduite, je ne sais pas ce que je serais devenu. L'angoisse s'emparait de moi dès que je commettais quelque chose d'illégal.

---

16. Cabrel, Francis. (1984) *Cabrel Public.* Sony Music.
17. Piché, Paul. (1987) *À qui appartient l'beau temps ?*. Kébec-Disc inc.
18. Latraverse, Plume. (1987) *D'un bout à l'autre.* CBS.

Pour être délinquant, il faut avoir une structure de personnalité caractérielle habituellement antisociale et narcissique. Il faut ressentir le moins de remords et de culpabilité possible, et être un peu prédateur dans l'âme. Antisocial ne signifie pas asocial. Un individu asocial est défini comme quelqu'un qui n'a pas besoin de contacts ni d'échanges sociaux. C'est celui qui, dans un *party*, lit une revue scientifique assis seul sur un canapé. L'antisocial, pour sa part, défie ouvertement l'autorité et fait fi des lois qui régissent notre société; il ne se gêne pas pour briser des cœurs ou des gens.

Mes premières expériences de consommation furent en fait des rites au cours desquels on fumait et buvait, acclamés par l'assistance en délire. Je me souviens de ma première véritable virée, vers quinze ans, lors d'un mariage, je crois: sept dollars de prix d'entrée et *bar open*. Nous nous en donnions à cœur joie. Assis, j'ai bu des vodka jus d'orange. Après un moment, j'étais tellement saoul que je ne parvenais pas à compter les verres de plastique qui s'empilaient. Un de mes amis a brisé ma pyramide de verres et je me suis mis à pleurer!

Lorsque je me suis levé, je me suis allongé de tout mon long sur le dos, me cognant l'occiput sur le plancher de bois franc de la salle paroissiale. Je n'avais plus de jambes. J'étais tellement intoxiqué que cela aurait pu être dangereux pour ma vie. Des amis m'ont transporté à l'extérieur; heureusement que c'était l'été. J'ai été malade.

Un jeune que je connaissais m'a raccompagné chez moi en roulant tranquillement, après m'avoir installé sur le capot de sa voiture! Il m'a déposé sur le terrain de la voisine, probablement pour me jouer un tour. Mon frère, qui passait par là en voiture avec un de ses amis, est venu à ma rescousse. Je lui ai demandé de ne pas me monter dans ma chambre, mais il ne m'a pas écouté. Le lendemain, mon père est venu me réveiller. En ouvrant la porte, il a tellement eu la nausée qu'il a été malade. Il devait faire quarante degrés dans la pièce: il faisait très chaud dehors, les fenêtres étaient fermées et les toiles ouvertes. Pauvre papa!

J'avais vomi partout, sur le sol et dans mon lit, et j'avais déféqué dans mon pantalon. Vous imaginez la scène? Lorsque je me suis réveillé, le soleil plombait sur moi. Le mal de tête, je ne vous dis pas! Après, il m'a fallu tout nettoyer, en commençant par moi-même.

Ce n'est pas drôle de s'enivrer de cette façon. Mais à l'époque, nous ne connaissions pas le danger. En plus, je ne savais pas que le « fort » pouvait frapper aussi fort ; je préférais la bière. Plus tard, j'apprendrai à boire sans trop me rendre malade.

En ce qui a trait au haschisch, j'en consommais de façon modérée. Cela me stressait toujours un peu. C'était comme si je commettais un délit important chaque fois. Le malaise était amplifié par dix quand j'étais en public, au grand jour, et même entre amis à la maison ; mais ce n'était pas mieux dans les bars sombres. En fait, j'étais stressé à cause de mon entourage. Lorsque je consommais en solitaire, je n'éprouvais pas cette anxiété. Au contraire, j'aimais l'effet que cela me procurait, je ressentais un soulagement apaisant.

Je consommais occasionnellement avec mes amis du village, en Beauce. Nous avions beaucoup de plaisir ensemble. Nous demeurions dans un sous-sol de maison ; le propriétaire habitait au rez-de-chaussée. Il avait deux fils et une fille. L'un de ses garçons, âgé d'une vingtaine d'années, faisait pousser du cannabis dans une section du sous-sol à laquelle nous n'avions pas accès.

Il descendait nous voir assez régulièrement et avait toujours du haschisch sur lui. Nous allumions un rond de poêle pour faire chauffer deux couteaux. Lorsque ceux-ci étaient rouges, nous placions un petit morceau de haschisch entre, puis nous inhalions la fumée. Gelés, nous nous mettions à rigoler et à faire les imbéciles. Chacun de nous aimait faire de l'humour, alors nous étions toujours en train de rire.

Parfois, nous allions veiller à Saint-Georges sur le pouce. Une fois, après la fermeture des bars, un gars nous a fait monter dans sa voiture pour nous ramener au village. *The dark side of the moon* de Pink Floyd[19] jouait à tue-tête. Un ami à lui, en moto, est venu se placer à notre gauche pour lui faire signe de s'arrêter. Une fois immobilisé, le conducteur a sorti du haschisch du coffre à gants et a roulé un gros joint. Il y a presque mis tout un gramme, et j'exagère à peine. Nous avons fumé et nous sommes repartis. La musique jouait fort. Le conducteur roulait à près de cent cinquante kilomètres à l'heure ; j'avais très peur. Dans les courbes, les pneus arrière crissaient et faisaient de

19. Pink Floyd. (1973) *The dark side of the moon.* Harvest, Capitol.

petits bonds sur la chaussée. Je crois qu'il essayait de nous impressionner, et je craignais qu'il aille trop loin dans sa course folle. Nous sommes finalement arrivés à l'appartement sains et saufs.

Chapitre III

La jeunesse

Rencontre avec la mère de ma plus vieille

Avant même d'être mature, je consommais une grande quantité d'alcool. Il n'était pas rare que je finisse de travailler pour me retrouver dans un bar. Souvent, je n'en ressortais qu'à la fermeture. Il fallait que j'engourdisse à tout prix mon mal-être intérieur. Je ne comprenais pas. Pourtant, je devenais ce que je voulais devenir[20]. Mais je ne parvenais pas à mettre le doigt sur la source de ce mal-être.

Un jour, pour souligner notre départ de notre village vers la ville, mon frère et moi avons organisé un petit *party*. Comme l'épicerie n'existait plus, nous avons tenu notre soirée là où elle se trouvait avant. Nous avons reçu une cinquantaine d'amis qui semblaient un peu affectés par notre départ, même si la ville n'était qu'à une trentaine de minutes en voiture.

J'avais dix-huit ans et j'étais célibataire, alors pourquoi ne pas en profiter? «Fais-le, fais-le!» J'ai bu une caisse de vingt-quatre en une douzaine d'heures! J'ai passé la soirée avec celle que je considérais comme la plus belle jeune femme de la paroisse. Vous allez penser que j'étais encore dans les absolus: le tout ou le pas du tout. C'est vrai. Mais je ne mens pas lorsque je dis qu'elle était tout simplement la plus belle.

Elle avait un an de moins que moi et était assez grande (un mètre soixante-quatorze). Elle avait un très joli visage, de beaux grands yeux verts et une toute petite bouche qu'on avait envie d'embrasser. Elle avait aussi de toutes petites oreilles et un nez assez protubérant, avec

---

20. Boucher, Daniel. (1999) «Deviens-tu c'que t'as voulu?», *Dix mille matins*. Boucane Bleue.

une petite bosse sur le dessus. Québécoise pure laine, elle ressemblait à une Italienne, avec ses grands cheveux noirs qui frisaient en boucles. En prime, elle possédait un corps de rêve, comme ceux qu'on voit dans les magazines de maillots de bain. Elle offrait une beauté naturelle, sans trop d'artifice, ce que j'ai toujours apprécié chez les filles. Bref, elle représenterait pour moi la Gradiva dans *Le délire et les rêves dans la Gradiva de W. Jensen*, écrit par Freud[21] en 1907.

Nous avons discuté et dansé ensemble toute la soirée et toute la nuit. Je la connaissais déjà très bien : d'abord, je fréquentais son frère ; ensuite, je la défendais parfois contre les hommes un peu trop entreprenants dans les bars. Quand elle me faisait signe des yeux pour que j'intervienne, j'abordais l'homme indiscipliné et je lui disais : « N'écœure pas ma sœur ! » Je ne savais pas, à ce moment, que j'allais sortir avec elle. Jamais je n'aurais pu imaginer qu'elle puisse s'intéresser à moi : je la croyais inaccessible. J'en étais très heureux et très fier. J'avais du mal à le concevoir.

Très rapidement, nous sommes tombés amoureux l'un de l'autre, et nous avons vite développé une grande complicité. Nous nous complétions bien par nos personnalités différentes. Elle était solitaire[22] et indépendante. Elle conservait aussi un côté mystérieux qui invitait à la découvrir. Cela faisait son charme, car on avait toujours envie d'en connaître un peu plus sur ce qu'elle avait à offrir. Mais en même temps, je n'osais pas trop la sonder, je ne voulais pas faire mon fouineur. J'ai quand même fini par apprendre beaucoup de choses sur elle, tout en lui permettant de garder un jardin secret.

Je serai demeuré célibataire durant à peine deux mois. Oui, je cherchais à combler un vide, mais mes sentiments pour elle n'en demeuraient pas moins partiellement authentiques et profonds : je l'aimais pour vrai, mais une partie de moi l'aimait pour bien paraître. À ce moment, mon ego était gonflé à bloc, quoique mon avidité narcissique se portait mieux, puisqu'elle m'avait choisi. J'étais l'élu de son cœur, et

---

21. Freud, Sigmund. (1907) *Le délire et les rêves dans la Gradiva de W. Jensen*. Éditions Gallimard, 1986.
22. Elle était parfois dans sa bulle lorsqu'elle se berçait dans son fauteuil favori en écoutant la télévision ou de la musique. Je la surnommais Bulle.

elle du mien. Quels beaux souvenirs j'ai conservés en photos et dans ma mémoire !

Dans la semaine suivante, j'avais totalement cessé de boire. Un peu plus tard, elle m'a demandé : « Tu ne bois pas du tout d'alcool ? » Je lui ai alors avoué le nombre de bières que j'avais consommées durant la fameuse fête. Elle était très étonnée que je puisse boire autant sans que cela paraisse. Pour ma part, j'étais très surpris de constater que je n'avais pas de difficulté à cesser de boire aussi facilement, du jour au lendemain. En fait, j'avais simplement déplacé mon avidité orale vers ma nouvelle compagne de vie, que je consommais symboliquement à l'intérieur de notre relation.

Bien que nous nous entendions à merveille, ma nouvelle blonde démontrait une certaine indépendance, comme pour me signifier qu'elle ne voulait pas s'attacher trop prématurément à moi. Je percevais cette attitude comme plutôt menaçante. J'avais l'impression qu'elle aurait tôt fait de m'abandonner lorsqu'elle connaîtrait mes « vices cachés » : la possessivité, l'envie, la jalousie et mon avidité insatiable. Je n'étais pas vraiment rassuré, et elle ne semblait pas vraiment apprécier mon insécurité. Elle voulait avoir un compagnon qui sache se tenir debout, avec une bonne colonne vertébrale, ce que je n'avais pas encore à cette époque. J'aurais aimé avoir davantage confiance en moi, mais mon estime personnelle tenait au miroir que les autres me présentaient, c'est-à-dire que je me définissais à travers leur regard. Par ailleurs, j'avais du mal à m'affirmer et à prendre des décisions. Je m'en remettais toujours à elle, mais elle n'aimait pas me voir me dérober plutôt que de m'affirmer.

Par ailleurs, ma compagne adorée me trouvait un peu collant. Je devais m'ajuster à ses besoins, ce que j'ai fait. À partir du moment où j'ai compris qu'elle n'avait pas l'intention de me larguer, tout a été plus facile. Je suis devenu beaucoup moins possessif et jaloux. Je souffrais moins d'insécurité et je devenais moins accaparant. J'apprenais peu à peu à devenir moi-même un peu plus indépendant.

Un an plus tard, nous sommes allés vivre ensemble. Avec le temps, notre couple est devenu libertin. Pas dans le sens où nous faisions des échanges de couples ou faisions l'amour à plusieurs. Mais chacun pouvait vivre des expériences sexuelles de son côté. Je crois que cette entente devait satisfaire davantage les besoins de ma compagne, qui n'avait pas vraiment vécu d'expériences sexuelles à l'adolescence. Elle pouvait donc le faire jusqu'à ce que cela me déplaise. Mais il fallait prendre cette décision à deux, et cela a bien fonctionné par la suite.

À cette époque, j'avais appris à adapter mes besoins à ceux des autres, à faire preuve d'abnégation et de patience pour satisfaire leurs besoins. J'étais un genre de caméléon des attitudes et des comportements. Mais j'attendais une contrepartie, une compensation pour la gentillesse dont je faisais preuve, pour ma dévotion et ma générosité. Disons que je ne donnais pas gratuitement : j'avais des attentes. J'attendais de l'attention, de l'intérêt, de l'admiration, de la compassion. Je suis désolé, mais c'était comme cela. J'étais un genre d'imposteur, mais suffisamment bon pour ne pas trop profiter ni trop abuser.

Travail et études

Entre l'âge de dix-sept et vingt ans, j'ai travaillé comme garde-forestier, puis dans une usine qui confectionnait des meubles pour le gouvernement. J'ai également été boucher (mon père faisait de la boucherie dans son épicerie). Enfin, je suis devenu vendeur de chaussures.

Après avoir réussi mes mathématiques de quatrième et cinquième secondaire, je suis allé au cégep pour faire mes sciences humaines avec mathématiques, afin d'entrer à l'université en psychologie. Enfin, je n'avais plus à fournir d'efforts pour avoir de bons résultats, ce qui rendait mes nouveaux amis un peu jaloux et perplexes. Par exemple, en statistiques, je suis allé seulement au premier cours, j'ai mis la main sur le livre que nous devions étudier, et j'y suis retourné uniquement pour les deux examens de la session. Au premier test, l'enseignant m'a demandé ce que je faisais là. Je lui ai répondu que j'étais inscrit au cours et lui ai demandé de bien vouloir vérifier sur sa liste. J'ai obtenu un résultat de 100 % (la moyenne était de 57 %) : la seule note parfaite du groupe ! Je ne rapporte pas cette anecdote pour m'en vanter, mais seulement pour illustrer le fait que j'avais connu ce que j'appelle une désinhibition intellectuelle. Mes ressources cognitives s'étaient décuplées. Si seulement j'avais pu être comme cela au primaire et au secondaire.

J'avais d'excellentes notes à l'exception des cours de politique et d'économie. Les enseignants de psychologie, de philosophie et de quelques cours complémentaires s'étonnaient de me voir lire autant d'ouvrages alors que j'avais l'air d'un décrocheur avec mon *pinch* et mes cheveux longs dans le milieu du dos. Pourquoi est-ce que je m'obstinais à conserver cette allure ? Parce que je me sentais bien dans ce style de petit *bum*.

Au premier cours d'économie, l'enseignante nous a demandé qui nous étions et quelle était notre occupation. À mon tour de parler. Assis dans le fond de la classe, je me suis nommé et j'ai affirmé que j'étais *pusher*. Tout le groupe a éclaté de rire, ce qui était mon but. Trois personnes sont ensuite venues me demander de la drogue, mais je leur ai dit que ce n'était qu'une blague. J'en consommais, oui, mais je n'en vendais pas, ni ne dépannais les autres (j'aurais peut-être dû, j'aurais fait de l'argent...).

J'aimais bien mes cheveux longs, mais ils pouvaient m'attirer des ennuis. Un jour, avec le copain de ma sœur, nous étions stationnés dans ma nouvelle voiture d'occasion près d'un dépanneur. Nous attendions un de ses amis qui était à l'intérieur. Trois autopatrouilles de police sont arrivées. Les policiers, un en particulier, m'ont un peu malmené. Ils ont essayé de m'extraire de la voiture alors que ma ceinture était encore bouclée. Puis ils m'ont frappé dans les jambes avec leurs bâtons et m'ont poussé contre le véhicule. Un des agents s'est adressé à moi en m'appelant uniquement par mon nom de famille, alors qu'il aurait dû dire « Monsieur Tracy ». Ils ont fouillé l'auto de fond en comble, même le moteur ! Ils n'ont rien trouvé, mais j'ai quand même récolté un total de trois cent trente dollars d'amende parce que je n'avais sur moi ni permis de conduire, ni certificat d'immatriculation, ni certificat d'assurance responsabilité.

J'ai contesté cette amende et dénoncé la brutalité policière envers un gars qui avait seulement les cheveux longs. J'ai gagné et je n'ai pas payé un sou. Il semble que le policier le plus dur avait une réputation qui le précédait, car tout s'est réglé avant même que je me rende en cour. Je savais qu'il fallait que je fasse attention à la police, même si j'avais un dossier vierge depuis que je conduisais, à l'âge de treize ans. Il est vrai que la toute première fois que j'ai pris le volant, assis sur mon père, nous avons embouti une table de pique-nique. Papa avait confondu les pédales et appuyé sur l'accélérateur au lieu du frein. Moi, je ne touchais à rien du tout!

Au cégep, comme plus tard à l'université, je lisais tout ce qui me tombait sous la main et qui me semblait intéressant: Laborit, Reeves, Huxley, Pagnol, Kemp, Kant, Freud, Yung, Klein, Dolto, etc. Je faisais bien plus que les lectures obligatoires. Je devenais autodidacte. Je dévorais les bouquins et j'étais toujours en appétit. C'est comme si cela m'avait manqué et que j'éprouvais le besoin de rattraper le temps perdu.

Mon plus grand problème était le fait que je faisais énormément de fautes d'orthographe et de ponctuation. Le français était très loin derrière moi et demeurait inaccessible. Je suis quand même parvenu à entrer à l'Université Laval en psychologie. Cette année-là, mille deux cents demandes avaient été faites, et seulement cent vingt étudiants avaient été acceptés.

Ma bien-aimée, qui me voyait réussir sans trop d'efforts, a décidé, un an après moi, de retourner au cégep afin de suivre un programme de soins infirmiers. Elle a obtenu son diplôme et a commencé à travailler dès qu'elle est sortie de l'école. Je l'ai parfois aidée à faire quelques dissertations en français (malgré les fautes) et en philosophie.

Nous étions heureux d'être parvenus à faire des études supérieures, et surtout d'avoir réussi à sortir de notre petit village d'antan, qui était maintenant derrière nous. Il semble y avoir une symbolique dans le passage du village à la ville: c'est une expansion. En tout cas, cela s'est passé de cette façon pour ma femme et moi. Nous nous sommes émancipés. Il en a été de même pour notre relation de couple qui a tendu de plus en plus vers l'amour libre. Ma compagne de vie et moi-même devenions de grands amis amoureux. Une très grande complicité allait renaître entre nous. Il y avait quelque chose de rassurant dans notre couple: nous pouvions compter l'un sur l'autre. J'expérimentais l'amour libre avec une certaine assurance et indépendance, même si j'étais complètement amoureux de ma femme. Rien ne s'est opposé à nous, tout cela s'est fait naturellement et graduellement.

La consommation

De l'âge de dix-neuf ans jusqu'à vingt-six ans, j'ai repris la consommation d'alcool et de haschisch. Je festoyais au moins tous les deux jours. Eh oui, j'ai recommencé à boire de la bière à la minute où je me suis établi avec mon amoureuse. Je crois que j'ai mis fin à mon abstinence (qui avait duré un an) parce que je savais qu'elle serait là pour moi quoi qu'il advienne, que nous allions demeurer ensemble contre vents et marées. Et c'est précisément ce qui s'est produit.

En plus, je ressentais à nouveau ce vide intérieur (mal-être) qu'il fallait engourdir ou noyer. La lune de miel ayant perdu de son élan, notre relation ne parvenait plus à colmater la brèche. Je me suis donc tourné à nouveau vers l'alcool et des drogues comme le haschisch, le cannabis, les champignons, l'acide, le buvard et, pire encore, la cocaïne.

Le paradoxe est que plus je consommais toutes ces cochonneries, plus mon mal-être grandissait. Alors, j'ai tout arrêté (sauf l'alcool) vers l'âge de vingt-six ans. En plus, mon amoureuse était enceinte. J'ai donc laissé mes compagnons de foire afin de m'impliquer et de prendre soin de ma nouvelle petite famille. À vingt-sept ans, je devenais le père d'une adorable petite fille qui portait la beauté et les cheveux de sa mère.

L'arrivée de ma plus vieille

La naissance de mon enfant fut pour moi un moment plus que magique. J'ai toujours trouvé fascinant, et même «extraterrestre», qu'une femme puisse porter une autre vie en elle. J'ai accompagné mon amoureuse durant toute la grossesse; je voulais me sentir utile. Une infirmière m'a enseigné quelques techniques de massage et de relaxation afin d'aider la future maman à se détendre durant l'accouchement. Il s'agissait de lui masser les bras et les jambes en la maintenant dans une position de relaxation[23]. Il faut croire que je faisais bien mon tra-

23. Par exemple, je tirais doucement sur ses bras, de son épaule jusqu'à l'extrémité de ses doigts. J'ouvrais ses mains en direction du plafond, puis je laissais doucement mais lourdement tomber ses bras sur le lit. Même chose pour les jambes. Parfois, je faisais glisser ma main sur son visage, du front au menton. C'était comme si j'étais en train d'«hypnotiser» son corps.

vail, puisque ma compagne parvenait à dormir entre deux contractions. J'étais content de participer de cette façon, mais je ne veux plus jamais revoir l'aiguille utilisée pour faire la péridurale ! L'anesthésiste avait accepté sans problème que je demeure dans la chambre pendant son intervention. Il paraît que je suis devenu blanc comme un drap; il a fallu l'aide de deux infirmières pour me ramener dans le corridor. Non, mais vous avez vu la taille de cette aiguille ?

Le jour de la naissance de notre fille, je devais passer une entrevue importante à Saint-Georges-de-Beauce. J'étais tellement joyeux que tout s'est très bien déroulé. À mon retour, j'écoutais *Wish you were here* de Pink Floyd[24] dans la voiture, très fort, les fenêtres baissées. Je roulais à cent soixante kilomètres à l'heure, au moins. Tout à coup, je me suis vu en train de me faire arrêter. Je me suis dit que c'était probablement un signe, alors j'ai réduit ma vitesse à cent quarante. Lorsque j'ai aperçu les policiers, j'ai décéléré ; ils m'ont tout de même pris sur leur radar à cent vingt-neuf kilomètres à l'heure. J'allais trop vite, je risquais une contravention. J'ai cherché à déchiffrer le message et j'ai réalisé que j'étais un nouveau papa, et que je devais prendre mon temps et être prudent. J'avais maintenant une famille.

Réussite et échec à l'université

Je réussissais bien à l'université, j'avais une excellente moyenne, surtout au baccalauréat. J'ai terminé ma maîtrise en un an et demi, mais je n'étais pas satisfait de ma performance durant mes stages cliniques ; je n'étais pas à la hauteur. Pourtant, il s'agissait de stages formidables qui me faisaient me sentir professionnel et serein. Je n'étais pas non plus content de mon essai, que j'aurais dû prendre davantage de temps à étayer. Et j'aurais pu obtenir de meilleurs résultats si j'avais moins fait la fête. Je n'étudiais pratiquement plus, mais je dévorais encore les bouquins.

Rendu au doctorat, j'étais plus sérieux, car j'investissais dans ma petite famille. Mais je n'avais pas assez de vingt-quatre heures dans une journée : il y avait ma scolarité de doctorat et mon travail (pré-

---

24. Pink Floyd. (1975) *Wish you were here.* CBS.

posé à l'entretien ménager et assistant enseignant). Je bossais entre soixante-dix et quatre-vingts heures par semaine, ce qui était trop. Alors, j'ai craqué. J'ai décidé de retirer mon projet de thèse, qui n'était pas recevable : je devais tout recommencer. Le projet sur lequel je travaillais, sous la supervision de ma directrice de thèse, ne pouvait être accepté, car il s'agissait d'une recherche portant sur l'activité mentale du thérapeute dans la construction de l'espace thérapeutique, ce qui représentait l'étude d'un cas unique. Je ne pouvais pas travailler sur vingt ou, idéalement (selon l'école de psychologie), quarante sujets. Je quittais l'université en ayant au moins participé à un laboratoire de recherche, puis à quelques études doctorales. J'avais tout de même un deuil à faire, puisque je ne serais pas docteur en psychologie.

La consommation, encore

Entre dix-neuf et vingt-six ans, je n'ai pas été un ange. Je consommais toutes sortes de drogues, mais la principale était le haschisch : j'en fumais de façon quasi quotidienne. Plus tard, ce sera le cannabis qui prendra la relève, lorsqu'il sera cultivé de façon hydroponique. Pour moi, consommer était un mode de vie. Cela faisait partie intégrante de mon existence et je n'allais pas remettre cela en question. Même chose pour l'alcool : je buvais de la bière en quantité industrielle et je ne remettais pas cela en question non plus. Il en était de même pour la cigarette : je n'allais pas arrêter. Si on m'avait dit que j'étais en train de me suicider à petit feu, j'aurais souri. Mais plus tard, en thérapie, je me suis bien rendu compte de cette réalité.

Le problème, c'était la cocaïne. Cette substance agit directement sur la sérotonine, responsable, entre autres, du sentiment de plaisir. Le hic, c'est que l'effet direct dure environ vingt minutes. Alors, il faut *sniffer* toute la nuit. Ce n'est pas joli à voir, quelqu'un qui prend de la cocaïne. La personne renifle constamment, développe des tics de la bouche ou de la mâchoire, parle comme un moulin à paroles et déprime quand l'effet se dissipe, laissant place à la honte, à la culpabilité et aux remords. Le *high* est intéressant, mais le *deep down* ressemble probablement à l'enfer. Chez un cocaïnomane, une bonne nuit de sommeil dure de deux à trois heures, après qu'il s'est poudré le nez. Le lendemain de veille est difficile quand il faut aller à l'école ou travailler. Cela nécessite du cache-cernes et des gouttes pour les yeux rougis.

J'ai passé trois années d'enfer en compagnie de cette substance de merde. C'est une drogue destructrice qui rappelle les hauts et les bas du cycle bipolaire[25]. Dans les stades avancés de consommation, l'humeur est très instable. Puis s'installe la paranoïa, ou un sentiment de persécution, qui ressemble étrangement à la bipolarité. Il faut aussi trouver l'argent pour consommer, parfois en empruntant.

Je peux dire que j'ai été menteur et tricheur, car ma compagne de vie était au courant que je consommais « parfois » de la cocaïne, mais elle ne connaissait ni la quantité ni la fréquence. Je me sentais extrêmement coupable, considérant que je lui cachais des choses dont je n'étais pas fier. Dès le départ, j'aurais dû m'en confesser et ainsi me libérer l'esprit. Elle m'aurait appuyé. Mais j'ai préféré attendre le bon moment ; or y a-t-il un bon moment pour avouer ses fautes à l'être aimé ? Nous reparlerons de tout cela dans un autre chapitre.

Lorsque j'ai cessé de consommer de la cocaïne, je l'ai fait par ma propre volonté, pour ma famille et pour moi-même. J'ai dû couper tout contact avec les compagnons de foire. Je n'ai pas eu besoin de désintoxication sauf que, pendant un bout de temps, je buvais mon *six pack* de bières chaque soir et au moins une caisse de vingt-quatre au cours de la fin de semaine. Mais j'ai fini par me replacer. Du jour au lendemain, je ne consommais plus.

Nous consommions chez moi ou chez l'un de mes amis, puis nous sortions dans les bars. Je me rappelle avoir dansé avec un mur de pierre, sur l'acide, à la Fourmi Atomique, au centre-ville de Québec. Mais comme je l'ai déjà mentionné, j'éprouvais toujours un malaise à être gelé en public, je me sentais constamment observé.

Une autre fois, on s'est gelés au buvard, puis on a joué à « ni oui ni non ». La règle est simple : si un joueur prononce les mots « oui », « non » ou un synonyme, même en anglais, il doit prendre une gorgée de bière. Mais nous avions inventé plusieurs autres règlements : pas le droit de

---

25. Laforce, Robert Jr. et Serge Tracy. (1998) « Réflexion psychodynamique : à propos d'une structure de personnalité toxicomaniaque spécifique à l'alcool et aux drogues dures », *Santé mentale au Québec*, vol. XXIII, n° 1, 214-234.

pointer du doigt, de sacrer, de répéter ce que l'autre a dit quand on le dénonçait, etc.

Un autre jeu consistait à prendre un petit cendrier et un dix cents. Il s'agit de faire rebondir la pièce sur la table pour qu'elle atterrisse dans le cendrier. Celui qui réussit pointe du coude ou du menton l'adversaire qu'il veut faire boire. Parfois, nous nous acharnions plus particulièrement sur un des joueurs.

Un soir, nous sommes sortis du bar pour fumer un joint de haschisch dans l'auto d'un ami. Nous étions là depuis une dizaine de minutes quand la voiture à côté s'est mise en marche. Nous nous sommes tous agrippés à ce que nous pouvions, croyant que c'était notre auto qui avançait. Un autre jour, sous l'effet de champignons hallucinogènes, trois d'entre nous arrivaient à percevoir les particules du froid ! À un autre moment, sous l'effet de la même substance, nous avons glissé sur le ventre dans l'escalier qui menait du rez-de-chaussée au sous-sol, chez un ami. Heureusement que les marches étaient recouvertes de tapis ! Nous jouions aussi au ping-pong et nous voyions les sillons qui suivaient la balle, comme dans les dessins animés.

J'avais une pulsion de vie très énergique, mais aussi une pulsion de mort inconsciente qui pouvait me faire consommer avec excès, comme pour me faire du mal, pour raccourcir ma vie, pour me suicider à petit feu. Je ne me souciais pas de ma santé. Je mangeais à des heures irrégulières et je consommais beaucoup de *fast food*. Je suis devenu diabétique à cause du houblon et du sucre.

Je n'étais pas considéré comme un jeune qui cherchait les ennuis. Mais j'étais toujours là pour défendre un copain. Durant une soirée bien arrosée, un de mes amis m'a demandé de rester proche de lui, parce qu'il se faisait embêter par un gars qu'il ne connaissait pas, et moi non plus. Cette fois, j'allais frapper mon homme. Il devait faire cinq centimètres de plus que moi : un détail ! Par contre, il était beaucoup plus massif et musclé que moi. Il a commencé à intimider mon ami. Je lui ai alors dit d'arrêter et de s'en prendre à quelqu'un de sa taille.

Je l'ai déstabilisé en le poussant au sol, sur le dos. Il semblait très humilié de s'être cogné l'occiput sur le plancher de bois franc. Il s'est relevé et m'a donné une bonne droite au menton. Il m'a fendu la lèvre.

Nous nous sommes ensuite battus à coups de poing et de pied. Il avait l'avantage; je réalisais qu'il était trop costaud pour moi. Je devais l'immobiliser, ce que j'ai fait avec ma fameuse technique du chandail – pas très légale, mais efficace. Là, je lui ai un peu éclaté la tête avec quelques droites, pour le sonner, alors que des amis respectifs venaient nous séparer.

La semaine suivante, il y avait une autre soirée, mais je n'y suis pas allé. Trois hommes avec de gros bras sont débarqués, mais ils n'ont pas frappé les bons adversaires : des Grenier, davantage habitués que moi à se battre au hockey junior. Le gars avec qui je m'étais bagarré s'est fait fracturer le nez par un des membres de la famille qui me ressemblait. Ils s'étaient trompés de personne !

Régression vers le village d'antan

Vers l'âge de vingt-huit ans, j'ai ouvert un cabinet privé dans une petite ville de mon ancienne région. Nous allions revenir vivre dans notre petit village d'antan. Était-ce une régression ? Assurément. Et ce n'est pas la seule chose qui allait régresser.

Cela faisait tout drôle. Nous habitions juste à côté d'une épicerie qui était jadis notre compétiteur. Dès que je m'assoyais sur ma galerie, des amis, cinq ou six gars, allaient chercher de la bière à l'épicerie et la partageaient avec moi.

Lorsque je faisais un feu dehors, j'avais pratiquement toujours de la compagnie. Bref, nous étions très bien situés pour « faire du social ». Certains soirs, cela ne me tentait pas d'avoir de la visite ; je devais littéralement me cacher pour avoir un peu de paix et de tranquillité. Je voulais me détendre un brin !

Chapitre IV

La quête de sens

J'expérimente l'ésotérisme

Déjà, enfant, j'étais en quête de sens. Comme je l'ai déjà mentionné, j'aspirais à devenir vicaire afin de m'approcher de Dieu. À l'église, je lui demandais parfois secrètement de faire de moi un demi-dieu (à un certain moment, c'est ce que je suis devenu quand je suis entré au programme de doctorat en psychologie à l'Université Laval...).

J'avais une foi inébranlable lorsque j'étais enfant et adolescent. Dans mon village, je ne disais pas à mes amis que j'allais prier en semaine à l'église. Je ne voulais pas qu'on se moque de ma foi. Ma foi m'appartenait. C'était ma spiritualité à moi. Personne ne pouvait me l'enlever. Mais ma spiritualité allait beaucoup changer avec le temps.

J'ai fréquenté des cercles ésotériques de l'âge de vingt ans jusqu'à trente ans. J'explorais ma spiritualité dans des sentiers non battus. Entre vingt et un ans et vingt-cinq ans, je me considérais comme un athée. Je ne croyais plus en rien, sauf en moi-même. J'étais à l'opposé de ma mère, mais elle ne le savait pas. Je ne souhaitais pas la blesser. Peut-être avais-je inconsciemment intégré l'idée que ce cheminement m'appartenait.

Mon athéisme découlait d'abord des cours à option que j'avais suivis au cégep (*Question de vie ou de mort, L'homme et ses dieux, Magie et religion*), mais aussi de plusieurs de mes lectures. Je lisais encore l'Ancien et le Nouveau Testament, d'un œil critique, mais sans banaliser quoi que ce soit des écrits sacrés. J'étais donc plutôt incrédule, mais j'allais m'engager dans la plus grande quête spirituelle de toute mon existence. J'ai alors « magasiné » ma spiritualité dans l'ésotérisme et le nouvel âge. En même temps, je dévorais des livres de Jung,

Freud, Klein et compagnie. Je m'intéressais surtout au phénomène des événements synchronistiques, très bien illustré par Jean-François Vézina[26].

À un moment, j'avais perdu mon Dieu, mais je gardais en mémoire le message d'amour du Christ. J'affectionnais plus particulièrement l'Évangile selon Matthieu qui a su présenter le Christ comme vivant et humain. Je portais ma chrétienté en moi, et il n'était pas facile de concilier tout cela. J'allais, comme Perceval[27] le Gallois, me battre en chevalier pour confronter et détruire des valeurs et des croyances : les miennes et celles de mes parents. On aurait dit que je voulais faire la guerre à mes croyances, mais sans m'en prendre à ma mère ou à mon père, ni à l'Église. J'étais aussi maladroit que Perceval avec son cheval dans un château dans ma façon de remettre en question mes valeurs et mes croyances. Je fonçais tête baissée à la recherche d'une question, à la recherche d'une réponse... J'étais un chercheur d'eau, c'est-à-dire de vérité, mais je la cherchais à l'extérieur de moi, alors qu'en fait le plus important se trouvait à l'intérieur de moi.

Thèse, antithèse et synthèse

Dans ma quête spirituelle, je tentais toujours de garder l'esprit ouvert, mais j'étais sceptique. J'aimais connaître la thèse, l'antithèse et la synthèse. Par exemple, en ce qui concerne l'existence d'une vie intelligente extérieure à celle de notre planète, j'explorais la thèse, c'est-à-dire que je considérais la possibilité d'une vie intelligente extraterrestre[28] ou intraterrestre. Puis j'examinais l'antithèse : les observations d'ovnis ne sont qu'une projection de notre imagination[29], ou il s'agit d'une conspiration du gouvernement[30]. Enfin, je me faisais ma propre idée : la

26. Vézina, Jean-François. (2001) *Les hasards nécessaires*. Les Éditions de l'Homme.
27. De Troyes, Chrétien. (1180) *Perceval ou le Conte du Graal*. Les Petits Classiques Larousse, 2009.
28. Petit, Jean-Pierre. (1990) *Enquête sur les ovnis : voyage aux frontières de la science*. Éditions Albin Michel ; Petit, Jean-Pierre. (1991) *Enquête sur des extraterrestres qui sont déjà parmi nous : le mystère des Ummites*. Éditions Albin Michel.
29. Jung, Carl Gustav. (1958) *Un mythe moderne*. Éditions Gallimard, 1996.
30. Deyo, Stan. (1994) *La conspiration cosmique*. Louise Courteau Éditrice, 2004.

synthèse. Je crois qu'il faut être très prétentieux pour prétendre que nous sommes les seuls êtres vivants intelligents dans l'immensité de l'univers. Par contre, de là à croire que des gens ou du bétail se font enlever par des extraterrestres, ou bien que certains humains auraient des implants dans le cerveau pour être plus ou moins contrôlés à distance, je demeure très sceptique.

Ma quête m'a aussi amené à m'intéresser à la circulation et au blocage des énergies véhiculées dans notre corps (les sept chakras) et, par extension, à la sexualité tantrique. J'affectionnais particulièrement la méditation accompagnée de mantras et de mandalas. J'étais ouvert d'esprit, mais en même temps très prudent. Je ne voulais surtout pas suivre un gourou et me joindre à une secte. Je m'intéressais également à la projection astrale. Je n'y suis jamais parvenu totalement. Chose certaine, je ne suis pas un bon sujet pour l'hypnose. En fait, je crois que je suis trop morcelé pour parvenir à cette libération du corps et de l'esprit. J'adorais également entendre parler du monde astral, du bas et du haut astral, du monde éthérique et du supramental.

J'aimais qu'il y ait une hiérarchie entre la mort du commun des mortels, les anges et la divinité, et les anges déchus et le diabolique. Je ne croyais plus que le monde des morts n'offrait que deux options : l'enfer et le paradis. N'y avait-il pas une place pour d'autres possibilités ? J'en suis venu à croire que s'il y a une vie après la mort, c'est pour continuer de l'autre côté le cheminement que nous avons accompli durant toute notre existence. Or, nous ne sommes pas tous rendus au même niveau d'évolution ou d'involution. N'y aurait-il pas un continuum de l'enfer au paradis ? Bien sûr que oui. Cela a abondamment été illustré dans la littérature. Les gens disent souvent que nous irons soit en enfer, soit au paradis, sans nuance, alors qu'il devrait y avoir un milieu. Certains diront que sur terre, nous y sommes déjà.

Ma conception de la divinité

Actuellement, je perçois les choses de la façon suivante : la divinité chrétienne possède trois aspects, soit le Père, le Fils et le Saint-Esprit. C'est la Sainte-Trinité. Pour ma part, je crois que sans la présence de l'humain pour contempler cette Trinité, celle-ci opère différemment.

Selon moi, sans ces quatre dimensions (la quatrième étant l'être humain), la chimie ne peut opérer. C'est le cas aussi pour les quatre éléments alchimiques : sans la présence de l'humain pour les éprouver, qui peut les contempler, les concevoir ?

Je suis devenu plus mature en vieillissant. Avec le temps, j'ai pu remettre les choses en perspective. Mon intérêt pour l'alchimie[31] me démontrait bien que je cherchais encore des symboliques du Christ ; j'étais à la recherche du *Lapis philosophorum Christum*. Les enseignements du Christ ne pouvaient plus sortir de moi, c'est comme s'ils étaient tatoués sur mon cœur. Ce qui donne un pronostic plus ou moins bon pour un narcissique comme moi. Je m'explique. Le narcissique décompensé ne tient pas compte des besoins des autres. Il se nourrit des autres, s'il n'a pas de balises. Avec de bonnes valeurs et des croyances adaptées, le narcissisme est mieux contenu à la base.

J'ai eu besoin de briser mes valeurs et mes croyances pour en conserver l'essentiel. Je veux dire qu'à un certain moment il faut savoir surpasser le maître[32]. L'exercice en valait la peine, mais de toute façon je n'avais pas le choix de faire un ménage dans mes croyances et mes valeurs. Je suis donc demeuré croyant, mais pas vraiment catholique, ni pratiquant. Je ne crois pas en la résurrection de la chair, mais je porte quand même symboliquement la croix.

J'ai vu une image qui me parle beaucoup. Elle montre le Christ en train de tenir un homme épuisé à force de clouer des Hébreux sur des croix. Je m'identifie à l'un des personnages, mais je n'arrive pas à dire lequel. Durant toute mon existence, j'ai à tour de rôle été l'aidant et l'aidé : l'aidant, notamment dans mon rôle de psychologue et parfois dans mes relations familiales, amicales et amoureuses ; l'aidé lors de mes dépressions, où j'avais tant besoin de secours.

---

31. Jung, Carl Gustav. (1952) *Psychologie et alchimie*. Éditions Buchet Chastel. Roob, Alexander. (2001) *Alchimie et mystique : le musée hermétique*. Éditions Taschen.
32. Kopp, Sheldon. (1974) *If you meet the Buddha on the road, kill him : the pilgrimage of psychotherapy patients*. Éditions Lowe & Brydon.

La quête spirituelle

Une quête spirituelle devrait être une quête de sens personnelle. Nous devrions pouvoir choisir à la carte parmi le menu qui nous est proposé. Une spiritualité, c'est comme un psychologue : cela se magasine, à moins d'être déjà endoctriné dans une religion ou une secte. Je ne crois pas qu'il y ait *une* vérité, mais plutôt *des* vérités : à nous de les découvrir.

Nous sommes tous plus ou moins à la recherche d'un sens dans notre vie, d'un sens à notre vie. Certains le cherchent dans le travail, d'autres le découvrent dans le sport, dans les loisirs ou dans leurs passions. Ce qui donne un sens à la vie se trouve partout autour de nous et en nous. On peut bien se passer de Dieu et s'accomplir dans le travail ou les sports, mais à ce moment-là, on ne parle pas de quête spirituelle.

Pour qu'il y ait quête spirituelle, une question doit être posée. Une question qui vient de l'intérieur. La mienne est la suivante : qu'est-ce qui peut bien être divin en moi, et que peut-il y avoir de démoniaque ? C'est une question importante pour un ex-judéo-chrétien comme moi. En même temps, c'est un très lourd examen de conscience : « Pour faire la paix avec ses regrets, ça prend du temps. Je me retrouve cent fois plus fatigué, trop fatigué, mais moins amer[33] ! » Reconnaître nos bons côtés est une chose, mais pour reconnaître un mauvais côté en nous, il faut d'abord nous l'avouer à nous-mêmes, et nous avons tous nos cavernes obscures.

De mauvais côtés de moi

J'ai vu de bons et de mauvais côtés de moi. Par exemple, je suis habituellement généreux, parfois trop. Par contre, certaines fois, je ne donne pas gratuitement, j'attends quelque chose en retour. Mais pour un narcissique, je me débrouille très bien, il me semble.

---

33. Les Colocs. (1998) « Dehors novembre », *Dehors novembre.* BMG/Ariola, Musicomptoir.

J'ai également découvert de mauvais côtés de moi, notamment cette colère que je porte depuis mon enfance. Cette colère qui pouvait gronder sourdait parfois l'espace d'un instant, le temps d'une bonne bagarre au hockey. En fait, je devais libérer la tension que je portais dans mes mâchoires depuis tout jeune. J'ai connu une période où j'étais sadique avec les joueurs de l'autre équipe. J'étais gardien de but et je les frappais aux chevilles, aux mollets ou derrière les cuisses avec mon bâton. Je surveillais constamment les arbitres pour ne pas me faire prendre, raison pour laquelle je me faisais compter des buts ! Je pouvais aussi me battre à volonté puisqu'on ne pouvait pas m'envoyer sur le banc des pénalités, compte tenu du fait que j'étais le seul gardien de but de l'équipe. Un coéquipier purgeait ma peine. J'aimais me battre, je jouais pour me battre. Je ne me suis jamais tant amusé de ma vie ! Je prenais plaisir également à donner un spectacle et à me faire huer par les partisans de l'autre équipe. Je faisais du style en patinant et je mettais mon chandail à l'intérieur de ma culotte du côté de ma hanche droite, et libre du côté gauche. Mon équipement de gardien de but était trop grand, je flottais dedans, mais ça me donnait l'air costaud.

Qu'était-ce donc que ce sadisme? Pourtant, je n'étais pas masochiste. D'un certain point de vue, oui, puisque j'avais toléré une relation de trois ans avec une fille inaccessible. Quoiqu'elle l'était probablement en raison de mon avidité, de ma possessivité et de ma jalousie. Mais que signifiait ce côté obscur de ma personne que je ne reconnaissais pas ? Je n'avais jamais été sadique, auparavant. Mon but était de faire mal à l'autre, de le voir saigner. Le malin résidait-il en moi ? Je possédais probablement une partie de lui, d'une certaine façon. Comment le mal s'était-il glissé en moi ? Je crois qu'il était là dès le départ pour accueillir mes parties malsaines.

Par exemple, j'ai possédé une carabine à plombs ; je devais avoir dix ou onze ans. Je tuais des oiseaux et des écureuils. Je sais, c'est terrible, je les abattais sans pitié. Actuellement, je n'écrase même pas une mouche. Il y a des moments au cours de notre développement où nous faisons des choses que nous regrettons plus tard, mais auxquelles nous étions totalement insensibles à ce moment.

Une fois, nous avons attrapé un écureuil blessé à la tête : le plomb l'avait effleuré. La commotion nous a laissé le temps de l'enrouler dans un manteau. C'est très vigoureux, un écureuil sauvage ! Nous l'avons placé dans une grosse cage chez un de mes copains. J'avais pitié de lui. Mais il était vraiment farouche : pas question de le flatter, au risque d'y laisser un doigt ! Nous avons fini par le relâcher dans la nature, non loin de l'endroit où nous avions failli l'abattre. Je me souviens que ça m'a fait réfléchir. À partir de ce moment, j'ai tiré dans des canettes vides. C'était amusant parce que parfois le plomb tombait à l'intérieur. Cela me faisait toujours sourire.

Le mal que l'on veut combattre

Voilà une partie de la réponse à ma question. Le chanteur québécois Daniel Boucher[34] chante : « Le mal que tu veux combattre, y est en dedans de toi. T'as pas besoin d'aller te battre avec personne d'autre ailleurs. De toute façon, tu pourras pas combattre le mal en dedans de personne d'autre que toi. »

Au lieu de chercher le mal à l'extérieur de soi, pourquoi ne pas faire un ménage à l'intérieur de soi ? Pourquoi ne pas commencer par nous-mêmes ? Nos mensonges subtils, les cachotteries que nous nous faisons à nous-mêmes, les secrets refoulés, totalement ou partiellement. Les choses que nous ne voulons pas savoir, mais qui parfois s'imposent à nous, comme les remords et l'amertume. Il est certain que tout cela dépend du niveau où nous nous situons. Certaines personnes commettent des crimes sans éprouver le moindre remords, alors que d'autres se culpabilisent pour avoir écrasé une fourmi.

Nous ne sommes donc pas tous au même niveau pour observer notre côté divin et notre côté diabolique, ni même pour les concevoir dans ces termes. Tout à l'heure, j'ai fait un clin d'œil en parlant de mon sadisme au hockey. Pourtant, ce n'est rien à côté de ce que je peux porter comme côtés sombres : *the dark side of Serge*... Mais je ne

---

34. Boucher, Daniel. (1999) « Le nombril du monde », *Dix mille matins*. Boucane Bleue.

suis pas là pour étaler mes imperfections, ni mon aile blanche d'ailleurs. Je ne veux pas dévoiler toute ma quête publiquement. Je souhaite seulement expliquer que nous cheminons chacun à notre rythme et que chacun porte son bon et son mauvais côté, dans des proportions différentes. À chacun sa quête de sens dans le non-sens. Posez-vous une question et trouvez la ou les réponses.

Monde pulsionnel et quête de sens

Parfois, je sens briller en moi cette vie qui m'appartient; d'autres fois, je sens monter des motions pulsionnelles intenses qui m'envahissent et que je dois apprivoiser. Il faut domestiquer ces pulsions sexuelles ou agressives. C'est comme tenter de poser un système limbique directement au cerveau reptilien, avec des émotions et des sentiments. Il s'agit en fait de mettre plus d'humain dans l'animal. Est-ce que je demeure un animal? Tout à fait. Je suis un animal spirituel et intelligent, ce qui me différencie des autres animaux.

Ma quête spirituelle consistait à découvrir ce qui pouvait être malsain ou pathologique en moi, afin de tenter de purifier cette partie malade de moi. Je crois que j'ai longtemps été comme Perceval, ce chevalier de la Table ronde qui combattait sans relâche pour une quête qu'il ne comprenait pas très bien lui-même. Combat après combat, il les remportait tous, car il était déterminé, mais tout cela dans quel but? Perceval lui-même semblait l'ignorer.

Des événements synchronistiques

Je parle symboliquement de Perceval, mais ma rencontre avec lui enclenchera une série d'événements synchronistiques. D'abord, j'ai assisté à une conférence intitulée *Perceval ou le Conte du Graal*, dans le cadre du Cercle Jung de Québec. À l'âge de vingt-cinq ans environ, c'était la première fois que j'entendais parler de ce personnage. J'avais un travail à produire en conclusion de mes stages cliniques à la maîtrise. Alors, je me suis procuré le livre de Chrétien de Troyes[35]. Dans

35. De Troyes, Chrétien. (1180) *Perceval ou le Conte du Graal*. Les Petits Classiques Larousse, 2009.

un premier temps, j'ai résumé l'ouvrage, puis j'ai procédé à son analyse d'un point de vue kleinien. Plus tard, j'ai vu, par hasard, la production *Le roi pêcheur*, mettant en vedette Robin Williams et Jeff Bridges. Puis ma sœur m'a invité à voir un film avec elle et son copain : *Monty Python and the Holy Grail*, tourné en 1975. Enfin, alors que j'allumais la télévision, je suis tombé sur une pièce de théâtre portant sur Perceval. Tous ces événements en l'espace de deux semaines !

Par la suite, j'ai travaillé sur mon texte, avec un mentor, dans le but de publier deux articles : l'un sur l'histoire de Perceval, l'autre sur une interprétation freudienne et kleinienne de ce récit. Mais j'ai abandonné mon doctorat. Les articles n'ont donc jamais été publiés.

Je ne pouvais pas faire semblant qu'il ne se passait rien. C'est évident qu'il fallait que j'approfondisse cette synchronicité. Je me suis identifié à la quête de Perceval qui cherchait des réponses sans même avoir posé de questions. J'ai reconnu chez lui ma maladresse lorsque je communique avec mes pairs. Comme Perceval, j'irai de village en village, d'église en église, affronter mes peurs et libérer mes démons intérieurs. Je ne combattrai pas de chevaliers, mais des préjugés, des valeurs et des croyances.

Le mal-être et l'angoisse du manque

À un moment, Perceval tombe et aperçoit trois gouttes de sang dans la neige. Elles lui rappellent l'histoire d'un homme qu'on a crucifié parce qu'il prétendait être l'enfant de Dieu. À ce moment précis, on sent le poids sur lui ; Perceval est déprimé. Il pense aussi à sa Blanchefleur. Il semble avoir de la difficulté à vivre l'angoisse du manque, le vide, la solitude et l'isolement. Perceval était engagé dans une quête folle, il se battait sans relâche, comme pour se tenir occupé. Nous agissons ainsi nous aussi. Pendant ce temps, nous sentons moins le mal-être.

L'angoisse du manque en est une particulière. Nous avons chacun notre façon de réagir face à l'angoisse, comme devant le danger[36] : lutter, fuir ou paralyser. J'ai plutôt tendance à paralyser, ce qui évoque mon souvenir-écran avec un petit diable : j'étais figé sur le ponceau.

36. Laborit, Henri. (1976) *L'éloge de la fuite*. Éditions Robert Laffont.

L'angoisse ne me pousse pas à fuir, ni à lutter, ou peut-être de façon passive. Je dirais qu'apprivoiser l'angoisse, cela se fait beaucoup mieux en psychothérapie qu'en fumant des joints !

Quête psychologique et spirituelle

Ma quête de sens personnelle a été, pour moi, une quête à la fois psychologique et spirituelle. Psychologique parce que j'ai consulté à cette époque. La psychothérapie peut agir comme un espace thérapeutique à caractère sacré, c'est-à-dire ultraconfidentiel. Tout est nommé dans l'intimité de la relation la plus secrète. Les confidences peuvent être faites à un niveau que nous n'aurions pas exploré nous-mêmes. Le thérapeute doit accompagner le patient. Dans l'ombre, il doit éclairer d'une lampe torche les coins obscurs que dévoile, à son rythme, son client.

Ma quête de sens n'est pas terminée ; je serai toujours en quête de sens. Sinon, je deviendrai un mort vivant, ce que je ne désire pas. C'est la raison pour laquelle je consulte encore aujourd'hui. Je suis actuellement en thérapie avec une psychiatre psychanalyste. J'aime cette approche, mais lors de la dernière thérapie, j'ai dû tout interrompre, car nous abordions les angoisses de séparation et je ne me sentais vraiment pas bien. Plus tard, j'ai repris les consultations pour confronter mes peurs face à ces angoisses. J'y suis particulièrement sensible à l'intérieur du processus thérapeutique. Je dois être particulièrement aux aguets parce que je prends des coups sur la tête. En effet, à deux occasions, ma psychologue a pris des vacances et je me suis fracassé la tête sur le ciment et contre une grosse pierre.

La première fois, complètement ivre, je quittais un bar pour me rendre chez un ami. Lorsque j'ai enfourché mon vélo, je suis tombé comme une planche sur le ciment, me fracassant la tête sur le sol. Pourtant, il paraît que je conduisais très bien. J'ai subi une grave commotion, car je ne me souviens de rien, ou presque. Les gars ont désinfecté ma plaie et mes éraflures pour retirer les grains de sable de mes blessures, sans que je réalise ce qui s'était passé. Heureusement qu'un ami m'a aidé à me relever à grandes tapes sur le visage. Il aura éveillé une partie de moi qui pouvait fonctionner au radar !

Le lendemain matin, en me voyant dans le miroir, je me suis dit que ma femme allait croire que je m'étais fait renverser par une voiture. J'avais le sourcil gauche très amoché, une mauvaise blessure. Ce n'était pas une plaie, mais une déchirure. Normalement, j'aurais dû recevoir au moins sept ou huit points de suture. J'avais aussi une grosse éraflure sur la joue gauche et d'importantes marques à l'épaule et au bras gauche.

L'autre fois, descendant d'un petit bateau sur la rive, je suis allé uriner près du chalet et je me suis affalé, heurtant une grosse roche ronde d'environ trente centimètres de diamètre. Je suis tombé sur l'autre arcade sourcilière. Cette fois-là, je n'ai pas subi de commotion, et il n'y a eu ni plaie ni sang. J'avais toutefois une bosse grosse comme une balle de golf. C'était très impressionnant; je l'ai même revue en vidéo. Tout le monde se moquait de moi.

En thérapie, nous convenions du fait que je «perdais» la tête lorsque j'étais séparé de ma thérapeute, sur laquelle j'avais projeté le théâtre de ma relation avec ma mère et d'autres personnes significatives de ma vie. Je perdais la tête certainement à cause de l'alcool et du haschisch (objets transitoires), mais aussi en raison de commotions.

La psychothérapie nous permet d'étayer notre quête de sens. Bien entendu, je ne me mettrais pas à réciter des mantras en thérapie: ce n'est pas le but. Mais je peux parler de mon monde affectif, et également de ses aspects psychologique et spirituel. Tout cela forme un grand tout.

Une véritable quête de sens doit nécessairement passer par une psychothérapie en règle. Créer du sens, c'est intégrer en soi des liens que nous ne voyions pas vraiment auparavant. Vous allez dire que je prêche pour ma paroisse. Je vous répondrai: peut-être. Par contre, je l'applique moi-même dans ma vie. C'est que lorsque nous sommes seuls et que nous croyons comprendre un aspect, nous sommes biaisés par notre vécu, nos croyances, nos valeurs, nos préjugés. Avec la personne du thérapeute, nous pouvons créer une distance pour mieux concevoir tel ou tel autre aspect de notre vie. Tout est plus riche de sens. Nous pouvons faire des liens avec notre passé, notre existence, notre quotidien.

Peut-on avancer sans psychothérapie ? Certainement, mais en se privant du privilège de cheminer sur les plans développemental et psychologique. Le fait de poser une question requiert un certain recul pour la concevoir. Vous serez d'accord pour reconnaître qu'il y a certainement une dimension psychologique à la quête de sens. Il faut comprendre que sans la psychothérapie, certaines parties de soi restent dans l'ombre.

Chapitre V

La faille psychotique

L'initiation

Avant de parler de ma première dépression majeure, j'aimerais vous situer concernant certains événements qui ont pu l'influencer ou la précipiter. En 1995, nous sommes retournés nous établir dans notre petit village peu accueillant. Nous demeurions à côté de mes beaux-parents, ce qui ne posait aucun problème, et qui était même pratique pour faire garder notre fille.

J'avais vingt-huit ans lorsque j'ai ouvert mon cabinet privé. J'étais très enthousiaste. J'ai fait construire un très beau bureau dans un bâtiment tout neuf. J'avais une salle de thérapie (pour enfants, adolescents, couples et adultes) et une salle d'attente complètement insonorisées, ainsi qu'un bureau personnel : une pièce fermée équipée à la fine pointe de la technologie. Je créais moi-même mes cartes professionnelles et quelques publicités, et je produisais mes reçus et autres paperasses. J'avais emprunté vingt-cinq mille dollars à la caisse pour me lancer dans l'aventure. J'avais même préparé mon plan d'affaires avant qu'on me le demande. J'étais convaincu que cela allait fonctionner, raison pour laquelle j'avais obtenu un prêt auprès de mon gérant de caisse.

Par contre, quelque chose n'allait pas. J'étais épuisé. Je parvenais difficilement à être entièrement disponible pour mes patients. Dans mon bureau, il y avait une chaise longue de plage, je m'en servais pour dormir entre deux rencontres. Plus le temps passait, plus j'étais fatigué, mais j'aimais mon métier et j'allais pratiquer coûte que coûte, sans *boost* ou autre artifice. Je crois que malgré mon jeune âge, j'étais un bon psychothérapeute. En fait, ce serait aux patients d'en juger, mais je sais que je faisais du bon travail. J'allais régulièrement en supervision avec la psychologue qui m'avait dirigé durant mes stages au cours de ma maîtrise.

Après un an et demi, j'arrivais à payer les frais fixes, mais j'avais beaucoup de dépenses. Je diffusais de nombreuses publicités dans les journaux et j'engageais une secrétaire que je partageais avec un chiropraticien et quelques autres professionnels qui occupaient le même bâtiment. Mais c'est surtout le loyer qui coûtait cher. Comme je n'avais pas gagné de salaire depuis près de deux ans, je me suis retrouvé dans l'obligation de déclarer faillite.

Le mot «faillite» contient le mot «faille». Je devenais désormais un failli, c'est-à-dire quelqu'un qui a échoué. Un psychologue qui a échoué. J'ai offert au gérant de caisse de rembourser 25 % de ma dette, parce que j'étais en bons termes avec lui. Faire faillite, c'est un coup direct au cœur du narcissisme. Faillir. Je n'aimais pas ce mot, alors avoir à le conjuguer... J'étais déconcerté. Je ne pouvais pas tomber plus bas, croyais-je à ce moment. Je me trompais...

Je me sentais de plus en plus mal intérieurement. La faillite m'avait jeté par terre, alors que j'étais déjà au tapis, épuisé. Je suis retourné dans la vente de chaussures. Encore une régression. J'ai appris que je ne devais pas dire que j'étais psychologue pour obtenir ce genre d'emploi.

Un jour, un ami m'a invité à faire un stage de trois mois au sein de l'entreprise de son beau-père, qui vendait des machines-outils à contrôle numérique. J'ai accepté l'offre, et j'ai été formé à Saint-Léonard, à Montréal. Je demeurais chez mon ami, sa conjointe et leurs deux enfants. Michel m'a vraiment donné un bon coup de main, mais je ne connaissais absolument rien aux métaux, et encore moins aux machines qui servent à les usiner. J'ai quand même beaucoup appris durant cette formation. Je communiquais avec les clients à partir d'un petit bureau que j'avais aménagé à la maison. Puis j'allais leur rendre visite. Jusqu'à ce que l'un d'eux me dise que je ne connaissais pas mon produit et qu'il ne fallait plus que je sois vendeur de machines-outils. Croyez-moi, cela fait mal, mais il vaut mieux avoir la vérité dans le visage que plusieurs mensonges accrochés dans le dos.

Je consacrais huit heures chaque jour à mon travail. À l'heure du dîner, je me dépêchais de manger pour aller dormir quarante-cinq minutes, afin de recharger mes batteries. Mon estime était en chute libre. J'avais un problème d'image à résoudre. Déjà, la faillite avait ébranlé mon identité professionnelle. Retourner dans le domaine de la chaussure m'avait aussi beaucoup affecté. Mais voilà que je tentais de vendre des machines qui valaient parfois des centaines de milliers de dollars et que les clients me faisaient remarquer que je ne connaissais pas mes produits. La dépression s'amorçait: apathie, manque d'énergie et perte importante de plaisir.

J'ai dû abandonner. Autrement, j'y aurais laissé ma peau – déjà que j'y avais laissé une partie de mon estime de moi. En tout, avec le stage, j'ai passé un an sans rien vendre, parlant d'un *ironworker* sans savoir s'il *punchait* un quart de pouce dans l'acier, mon modèle étant conçu en centimètres... Je crois que mon ami me surestimait en pensant que je pourrais m'adapter à un tout nouveau monde, comme lui l'avait fait. Il était le pivot de l'entreprise. Je devais me rendre à l'évidence: ce travail n'était pas fait pour moi.

À l'époque, mon beau-frère m'a offert de me «divertir» (de sortir de la maison) en travaillant comme pompiste pour un patron vraiment agréable qui se mourait d'un cancer généralisé. Pourquoi pas, en attendant? me dis-je. Le problème est que la station-service se trouvait dans la ville où était jadis situé mon cabinet privé!

Je redoutais de rencontrer un ancien patient. C'est arrivé à deux reprises. La première fois, le client ne m'a pas reconnu avec mon grand manteau de la compagnie et ma tuque sur la tête: maître dans l'art de passer inaperçu. La deuxième fois, la cliente m'a reconnu; elle était la voisine du propriétaire: humiliation! En plus, elle avait une certaine notoriété dans la ville.

Problème d'image, dites-vous? Un réel problème: le psychologue failli qui travaille comme pompiste! Me voilà bien loin de mon identité professionnelle et du doctorat! La réalité était trop lourde, je ne pouvais plus l'assumer. C'est pour cette raison que je cherchais à en trouver une autre. Une sorte de fuite du principe de réalité qui se dégonflait au profit d'une énergie folle.

C'en était trop. Trop pour mon cœur, trop pour ma raison : je décompensais. Je suis devenu subitement très énergique, et jovial. Je travaillais avec rapidité et efficacité à la station-service, et avec le sourire aux lèvres. Mais tout cela ne tenait qu'à un fil. En plus, je ne dormais que cinq ou six heures par nuit. Je sentais une nouvelle énergie dans mon corps et dans ma tête.

Je vivais de plus en plus d'expériences d'événements synchronistiques[37]. Surtout avec la radio, qui faisait jouer de la musique qui revêtait un sens pour moi, parce qu'en lien avec les idées que j'avais en même temps dans ma tête. Souvent, cela s'arrimait parfaitement. Je faisais aussi tourner la cassette des Colocs[38] intitulée *Dehors novembre*. Cet album venait me chercher dans le ventre. Je chantais, je hochais la tête et je pleurais comme une Madeleine tellement je m'identifiais aux paroles et à la musique de la chanson titre. De grands frissons traversaient mon corps de la tête aux pieds.

J'ai alors entrepris l'écriture d'un livre expérimental, que je n'ai jamais terminé. Je commençais en disant que j'allais tenter d'éclairer mon « ombre » en me présentant à l'Autre dans le sens où Jung[39] l'entend (voir annexe). Je souhaitais me révéler à l'Autre afin qu'il puisse partiellement se présenter à moi. En fait, il s'agissait pour moi d'ouvrir clairement les yeux dans mon ombre. C'est comme si j'avais demandé ouvertement la permission de faire une psychose.

Peu de temps après, je me suis mis à perdre le contact avec la réalité, à délirer. Je consommais du cannabis, et je n'avais pas besoin d'en inhaler beaucoup. La faille psychotique était ouverte. J'allais régresser à un point auquel je ne m'attendais pas du tout.

Ma dépression s'est produite en 1999, alors que j'avais trente-deux ans. Le tout a débuté par une baisse importante d'énergie et de libido. Durant une phase que l'on peut qualifier de dépressive, j'errais sans véritable but autre que celui d'être porté un moment par la vie, avec résilience, sans lutter contre quoi que ce soit. J'étais apathique.

37. Vézina, Jean-François. (2001) *Les hasards nécessaires*. Les Éditions de l'Homme.

38. Les Colocs. (1998) *Dehors novembre*. BMG/Ariola, Musicocomptoir.

39. Jung, Carl Gustav. (1955) *Mysterium conjonctionis*. Éditions Albin Michel, 1982.

En tout, la dépression a duré huit mois: trois mois de déprime, autant à souffrir d'hypomanie, et environ deux mois de psychose. Par surcroît, j'ai dû être hospitalisé durant deux mois pendant cette période. Enfin, trois mois ont été nécessaires pour me « réintégrer socialement ». Au total, donc, près d'un an de maladie pour une dépression majeure avec décompensation psychotique.

Je ne sais pas exactement ce que je cherchais en entreprenant un écrit expérimental, mais je m'attendais à ce que cela produise des résultats. J'étais moi-même le narrateur et le sujet de mon expérience, qui devait être le récit de ma quête de sens dans l'informe et dans le non-sens.

Quand on demande, il faut s'attendre à recevoir. Alors que je commençais mon récit, il y avait deux étoiles particulières dans le ciel. J'ai appris à la radio qu'il s'agissait de Vénus, blanche et très brillante, et de Jupiter, orangée et scintillante. Les deux planètes occupaient des lieux opposés dans le firmament. Pour moi, il s'agissait d'un signe, sans que j'en cherche trop le sens, sinon la symbolique que l'esprit humain accorde à ces astres. C'était le tout début du sens que j'allais faire avec le non-sens. Ma quête était à la fois psychologique et spirituelle. Je cherchais l'Autre[40] à l'intérieur de moi, ainsi qu'à l'extérieur de moi.

Durant la période d'hypomanie, j'étais devenu tellement fébrile que j'ai dû cesser de travailler, je n'y parvenais plus. Je dormais de moins en moins, j'expérimentais de plus en plus. Je sentais que ce qui se produisait était grand, beaucoup plus grand que moi. J'en avais même le vertige parfois, symboliquement. De grands frissons traversaient tout mon corps. Je me percevais comme un élu pouvant contempler le monde à travers les yeux d'un illuminé. Jusque-là, je n'avais pas encore tout à fait perdu la boule. Je vivais des choses hors du commun, mais cela m'apparaissait normal, puisque j'en avais fait la demande.

J'allais ici et là, le sourire fendu jusqu'aux oreilles. Tout le monde semblait me regarder d'une façon étrange, tout en me souriant. Mes amis me trouvaient bizarre, mais ma femme était derrière moi. Elle

40. L'Autre est tout ce qui est inconnu de Soi, c'est-à-dire notre ombre, notre inconscient et l'inconscient collectif.

m'avait suivi précédemment dans mon « magasinage » ésotérique ; je pouvais compter sur elle. Elle comprenait qu'il m'arrivait quelque chose de grandiose, mais elle ignorait quoi.

Il était de plus en plus difficile pour moi de demeurer les deux pieds sur terre, alors que j'avais la tête dans les nuages. Je sentais que j'avais désormais une mission à accomplir. Un soir, je suis descendu au sous-sol et il s'est produit quelque chose d'étrange, d'inhabituel. En mettant du bois dans le poêle, je me suis demandé, tout à coup, s'il se pouvait que je sois mort et que je continue à projeter mon environnement dans des fantaisies de non-vivant. Je me suis rendu à l'étage pour consulter mon ordinateur. En montant, j'avais la nette impression que je faisais du surplace, comme quand on gravit un escalier roulant qui descend.

Pour la première fois de ma vie, j'entendis clairement une voix d'homme (c'était limpide, comme si nous discutions vous et moi) qui me disait : « Moi aussi, je l'ai fait souvent, cet escalier-là ; je l'ai monté et descendu très souvent. » Sans trop y porter attention et sans me sentir effrayé, je continuais à monter les marches, comme si je m'enfonçais dans de la vase. Arrivé en haut, j'ai senti que la maison penchait vers la droite puis vers la gauche, à chaque pas que je faisais. J'ai commencé à avoir peur, car j'étais complètement sobre.

Une fois rendu à mon bureau, je me suis installé devant mon ordinateur. Tout penchait, tantôt vers la droite, tantôt vers la gauche, pour finalement se stabiliser. Puis l'écran s'est fissuré en une vingtaine de morceaux, partant du centre vers les extrémités, comme si quelqu'un venait d'y lancer une pierre. Curieux, je me suis demandé si cela était bien réel, alors j'ai touché l'écran, qui était aussi lisse que d'habitude. J'hallucinais ! C'était sensiblement comme sur l'arrière de la pochette de l'album de Supertramp[41] : *Even in the quietest moments.* Sauf que pour moi, cela paraissait réel.

Ensuite, trois éclairs consécutifs sont apparus. Le tonnerre a suivi presque instantanément. À chaque coup de tonnerre, mon ordinateur s'éteignait, puis se rallumait. Ça y était, j'étais bel et bien mort ! Pourtant, je me déplaçais et je percevais les choses avec tous mes sens. Je

41. Supertramp. (1977) *Even in the quietest moments.* A&M Records.

ne comprenais pas. J'étais en psychose et j'avais très peur. Peut-être étais-je allé trop loin dans mon expérimentation.

Après quelques minutes, tout est revenu à la « normale ». Par contre, il y avait une tache translucide d'environ dix centimètres de diamètre sur mon bureau. J'ai goûté au liquide, car j'avais l'impression qu'on m'invitait à le faire. C'était comme les acides aminés extraits de fœtus de bovins que j'avais goûtés et qu'un médecin vendait en fioles après une conférence. À ce moment, je ne comprenais pas vraiment de quoi il s'agissait, alors j'avais tout simplement essayé. J'avais plutôt l'esprit aventurier pour un jeune explorateur. Je ne crois pas qu'actuellement on utilise des fœtus de bovins pour fabriquer un genre de Viagra, mais je dois avouer que cela fonctionnait très bien. Il y avait de nombreux bénéfices pour le corps, et l'esprit était plus alerte, attentif et vif. La libido redevenait celle d'un jeune de quinze ans, même anatomiquement parlant. La mécanique fonctionnait parfaitement. Le produit avait même corrigé une partie de mon manque d'attention, alors que j'étais aux études. Pour cette raison, je n'avais pas les moyens de m'offrir un traitement complet, que ma femme et moi avons plutôt partagé. Nous avons ainsi connu la moitié de l'effet, qui perdurait pendant cinq à six semaines.

Quand j'ai goûté la tache translucide, mes papilles gustatives sont devenues en feu. Si je pliais la langue, elle semblait craquer. Avant de me remettre à l'écriture, j'ai dû pleurer pendant au moins une heure, comme si j'avais perdu quelqu'un de cher. Par la suite, je me suis calmé pour tenter de reprendre mes esprits, que je ne retrouverai que quelques mois plus tard...

Ce qui arrivait à ce moment avait un sens pour moi: je devais faire attention à ce que j'écrivais. Je n'étais plus seul: on m'observait. Mais qui ou quoi pouvait bien avoir un intérêt à examiner ce que je faisais et à porter attention à ce que j'écrivais? Qui était cet homme qui m'avait abordé dans l'escalier? Que me voulait-il? Et si c'était tout simplement les premiers échos de la demande que j'adressais à l'univers à travers mon écrit expérimental?

J'ai expérimenté d'autres phénomènes synchronistiques. Par exemple, alors qu'on était au mois de février, une grosse mouche volait dans mon bureau. Je me suis dit qu'elle venait probablement m'annoncer que le printemps arriverait tôt cette année-là. Et c'est bel et bien ce qui s'est produit. En même temps, cette mouche me symbolisait, car je m'éveillais à peine de ma phase dépressive pour entrer, plus ou moins engourdi, dans ma phase maniaque. J'étais comme cet insecte abasourdi : je commençais mon expérimentation sans trop savoir comment m'y prendre.

À un autre moment, je regardais la télévision au petit matin. Dans une émission, une femme disait quelque chose comme : « Je me suis installée chez toi, dans le grenier, et j'y suis pour y rester... » On aurait dit qu'elle m'était familière, mais elle me glaçait le sang. Je me demandais si ce que je voyais et entendais était bel et bien réel, ou s'il s'agissait de projections de ma psyché. Dans un cas comme dans l'autre, c'était épeurant. Mais cela ne devait pas être une hallucination, puisque la télévision fonctionnait. Alors, je me suis calmé en me disant que ce n'était que du cinéma. Mais la « folle du logis », comme je me plaisais à la nommer, semblait s'adresser à moi, en me regardant fixement dans les yeux. Les siens étaient sombres, mais séducteurs, un peu moqueurs. Ce n'était pas un film. Cela se produisait dans mon salon, et elle s'adressait directement à nul autre qu'à moi ! J'étais tellement effaré que j'ai dû éteindre l'appareil.

Cela m'agressait au plus profond de moi-même. C'était comme si elle imposait sa présence, mais pas seulement dans le grenier : elle s'imposait tout court. Tout son discours tournait autour de l'enjeu de son installation chez nous ; elle me le disait ouvertement. J'étais très embarrassé, cela m'affectait énormément. Je pense que je craignais ma propre folie. J'avais probablement peur qu'elle ne s'installe dans mon grenier intérieur, c'est-à-dire dans mon cortex cérébral. En fait, je faisais de la projection à partir de ce que je voyais à la télévision. Mais je n'ai pas été conscient de cela avant quelques années.

Par la suite, je n'ai plus entendu de voix, mais ce que j'appelle des échos, c'est-à-dire que le son des bruits avoisinants créait des mots qui pouvaient former des phrases. Mais je ne les distinguais pas très bien ; les échos n'étaient pas très audibles, bien que suffisamment présents pour que je puisse les entendre. Des exemples. Lorsque je marchais dans la neige, mes pas faisaient des bruits qui se transformaient en sons de mots, puis se changeaient en sons de phrases. Si je laissais tomber un objet sur le plancher, par exemple un trousseau de clés, la même chose se produisait. Je pouvais ainsi entendre les sons formant le mot «Christ» émaner du contact des clés avec le plancher. L'eau qui coulait du robinet et le son de la douche étaient d'autres bruits qui me parlaient. Tout comme l'homme de l'escalier qui me lançait directement quelques phrases toujours amicales et joviales, mais il n'était pas en écho, celui-là. Il s'adressait à moi directement, dans ma tête, et j'en faisais autant pour lui répondre.

Je me suis mis à avoir de plus en plus de difficulté à écrire, car je devenais paranoïaque. Je me sentais épié, surveillé. Alors, j'ai dû laisser mon écrit trop compromettant pour me consacrer à autre chose. Je ne buvais plus d'alcool et je ne fumais plus de cannabis, car ils décuplaient l'effet de mon aliénation et du sentiment de la présence d'une partie de l'Autre. J'avais atteint ma cible et j'étais mort de trouille. Mon ombre commençait à se pointer le bout du nez, ou je pointais le mien dans mon ombre. Je m'attendais à cela, car c'était le noyau de ma quête. Mais je cherchais encore à l'extérieur de moi des choses que j'avais en dedans. Notre monde intérieur est une si belle cachette que nous oublions d'y jeter un coup d'œil.

Je me suis soudainement senti investi d'une mission qui n'était pas nécessairement divine, mais à tout le moins ésotérique. J'habitais dans une vieille maison et je savais que la grand-mère de ma femme y était décédée environ un an et demi avant que nous emménagions. Je devais la délivrer et la libérer des liens qui la rattachaient à la terre. Pour ce faire, je devais simplement faire du ménage dans les énergies de cette habitation plus que centenaire.

J'allais donc revoir tout le système électrique pour remplacer les vieux fils noirs par de nouveaux fils blancs. Pourquoi sentais-je que je devais faire cela? Je n'en sais rien, ce n'était qu'une intuition. Personne – ni les échos ni la voix de l'homme dans l'escalier – ne me l'avait révélé. Je faisais cela de mon propre chef, je croyais que c'était la chose à faire. Je sentais que je pouvais libérer les morts en faisant mieux circuler l'électricité. Plus tard, en psychothérapie, nous avons fait le lien entre ma maison et ma tête, ainsi qu'entre les fils électriques et les neurones de mon cerveau, plus ou moins déconnectés de la boîte électrique (l'appareil psychique).

Mon intuition me faisait également sentir que l'énergie était plus négative au sous-sol qu'à l'étage. Ce qui m'a été confirmé plus tard par mon cousin Gilbert, qui disait sentir les énergies. Il me conseillait de vendre cette maison et de déménager à l'extérieur du village. Au rez-de-chaussée, cela semblait plus neutre. Mais l'énergie du bas ne devait pas se mélanger avec celle du haut. Seul l'homme dans l'escalier paraissait neutre ; il semblait se tenir au centre. De temps en temps, il me faisait un commentaire : « Tu devrais faire ceci comme cela ou cela comme ceci. » Il me semblait amical et n'était pas menaçant. J'avais également l'impression qu'il souriait, comme s'il était conscient de mon sort.

Je me suis donc mis rapidement à changer les fils au sous-sol. Ma femme devait se demander ce que je pouvais bien faire là, mais elle avait confiance en moi et ne posait pas de questions. Au début, cela se déroulait relativement bien. Je n'avais pas toute ma tête, mais j'étais efficace. J'avais déjà fait des rénovations à l'étage et je savais comment manipuler les fils jusque dans la boîte électrique. Je n'avais pas peur du courant et j'étais plus que prudent.

Mais deux semaines plus tard, cela n'allait plus. Je pouvais passer une demi-journée à fixer un petit fil de rien du tout ! J'étais déconcentré par tout objet qui se trouvait sur mon passage et absorbé par le moindre bruit que j'entendais. Mais je n'avais plus peur. Je pouvais passer une heure ou deux à observer un insecte inhabituel qui sautait sans arrêt entre la fenêtre et la moustiquaire. Il n'avait pas d'ailes. Il ressemblait à une fourmi géante. Cet insecte n'était rien d'autre que l'intérêt que je lui portais. Finalement, je le libérais.

Parfois, je sortais un peu de la maison. J'allais promener le chien, faire un tour de vélo, rouler en auto ou marcher. À vélo, j'adorais la caresse du vent sur ma peau et le soleil qui inondait mon visage de sa chaleureuse présence. J'étais aux anges et je remerciais le ciel de me permettre de participer à cette grandiose aventure qu'est la vie. Dame nature se composait de quatre éléments ; je devenais le cinquième. J'avais l'honneur de les sentir, de les éprouver. J'étais privilégié ; j'avais le sentiment d'être élu, d'une certaine façon. Était-ce l'appel de Dieu ? Était-ce mes dix années de « magasinage » ésotérique ? Je ne savais trop, mais je me sentais bien comme jamais auparavant.

Un jour, j'ai mis la main sur la boîte électrique de Bell téléphone, au sous-sol. On indiquait clairement de ne pas l'ouvrir, mais comme tout me semblait permis à l'époque... Seulement deux fils étaient connectés à l'intérieur. Je les ai dégagés pour les rajeunir en les frottant contre du papier sablé. J'ai ensuite remis les fils en place et refermé le tout. À peine trois ou quatre minutes avaient été nécessaires pour réaliser cela. Il était environ quinze heures lorsque j'entendis les pas de ma femme et de ma fille au rez-de-chaussée. Cela m'étonna, puisqu'elles devaient revenir seulement après le souper. Je suis remonté pour constater qu'elles n'étaient pas dans la maison, mais bien chez la voisine, la mère de ma femme. Je suis allé les rejoindre, mais quelque chose clochait: le soleil n'était pas à sa place... Alors, j'ai tout de suite demandé l'heure: en réalité, il était dix-neuf heures trente !

Qu'est-ce qui s'était produit ? M'étais-je fait enlever par des extraterrestres ? Si oui, était-ce des petits Gris ou des grands Blonds ? Non, mais perdre quatre heures et demie, un homme se pose des questions ! Je comprendrai plus tard que j'ai connu une stupeur catatonique: je suis demeuré devant la boîte électrique, figé comme une statue de glace pendant plus de quatre heures, alors que les deux ou trois minutes durant lesquelles j'ai été affairé à frotter mes fils m'ont semblé normales. C'est comme si mon cerveau avait cessé de fonctionner pendant tout ce temps. Je suis resté debout, fixement, comme un cheval qui dort. Je crois qu'il n'y avait aucun risque que je me blesse en tombant. Une partie du cerveau veillait à ce que l'équilibre du corps se maintienne. Moi qui ne suis pas un bon candidat pour l'hypnose...

À l'époque, je n'étais même pas en mesure d'imaginer ce phénomène. Il ne me venait même pas à l'idée que j'aie pu être en stupeur catatonique. J'alimentais donc ma folie en me permettant de croire que j'avais traversé une autre dimension. Laquelle ? Je l'ignorais. Pour moi, cela s'inscrivait dans le cadre de mon expérimentation.

Lorsque j'étais en psychose, j'avais donc tendance à donner du sens à ce qui n'en avait pas. Comme je l'ai mentionné, lorsque je marchais dans la rue et que le bruit de mes pas – l'écho – formait des sons de mots et de phrases, je donnais un sens à ce qui était dépourvu de logique. Même la musique avait un sens. À l'époque, on entendait

Isabelle Boulay[42] et le saule inconsolable. Eh bien, le saule, c'était moi ! Marie Carmen[43] chantait *L'aigle noir* au moment où j'en apercevais un dans le ciel. (C'était plutôt un corbeau, mais ça faisait l'affaire...) C'est comme si j'étais en harmonie avec mon environnement, en symbiose avec la nature. Tout m'apparaissait parfaitement synchrone, les choses s'arrimaient d'elles-mêmes. C'était parfois difficile à gérer. Mais je ne m'étais jamais senti aussi bien dans ma peau, même si je ne mangeais à peu près pas.

Un jour, je me rendais visiter un ami à Montréal. La musique qui jouait dans l'auto me présentait un miroir de ce à quoi je pensais. Je devais écouter du Daniel Boucher[44] avec son *Poète des temps gris,* Les Colocs[45] avec *Belzébuth,* ou bien Daniel Bélanger[46] avec *Ensorcelée.* Bref, j'étais serein, même si je pleurais parfois tout seul sans raison apparente. Je suis arrivé à destination et j'ai constaté que tout le groupe était là. Je suis entré et, comme je ne m'étais pas annoncé, j'ai reçu un accueil glorieux. Je me sentais vraiment privilégié de vivre cet arrimage, mais j'en avais parfois très peur. Parfois, les choses se mettaient trop bien en ordre, comme si le monde entier était conscient de mon sort.

Tout au long de ma dépression, je connaissais tantôt des moments de calme apaisants, tantôt des moments d'angoisse puis de terreur. Un événement synchronistique était à tout coup intense, et avait pour effet de m'apaiser, de m'angoisser, de m'apeurer ou de me terroriser. C'est comme si mon appareil psychique était en contact télépathique avec le monde extérieur. Attention, je dis bien *mon* appareil psychique, car il semble y avoir autant de psychoses qu'il y a de psychotiques : c'est du cas par cas. Nous ne pouvons donc pas extrapoler à partir de ma première psychose et conclure que tous les psychotiques entendent des voix et des échos, ni même affirmer que la prochaine

42. Boulay, Isabelle. (1998) « Le saule », *États d'amour.* Audiogram.
43. Carmen, Marie. (1992) « L'aigle noir », *Miel et venin.* Disques Double.
44. Boucher, Daniel. (1999) « Le poète des temps gris », *Dix mille matins.* Boucane Bleue.
45. Les Colocs. (1998) « Belzébuth », *Dehors novembre.* BMG/Ariola, Musicocomptoir.
46. Bélanger, Daniel. (1992) « Ensorcelée », *Les insomniaque s'amusent.* Kaligram.

psychose présentera les mêmes manifestations. C'est comme dans *Rencontres du troisième type* de Steven Spielberg[47] : une première expérience demeure une première expérience. Si Spielberg écrivait une seconde version du scénario, l'expérience serait-elle la même? Nous ne pouvons partir de prémices particulières pour conclure à l'universel. Nous reviendrons plus tard sur ces propos.

J'ai fini par remplacer tous les fils noirs que je pouvais changer. Ma mission était-elle terminée? Pas du tout. Je devais m'occuper aussi du grenier. Il y avait, de chaque côté de la maison, six petits trous d'aération d'environ deux centimètres de diamètre. Des échos semblaient me suggérer de les agrandir. Avec ma scie circulaire, j'ai découpé un carré d'un côté et un triangle de l'autre. Je ne sais pas pourquoi, mais je devais ensuite placer deux cruches remplies d'eau de chaque côté, sous le carré et le triangle. Elles représentaient sûrement le cercle, car elles étaient rondes. Je *devais* faire des choses étranges comme celle-là, mais sans savoir pourquoi. À ce moment, j'avais la conviction que l'eau devait servir aux entités pour se purifier avant de partir. Je ne pensais pas à la «folle du logis» à ce moment précis, mais je me suis demandé si je n'étais pas en train de lui aménager un coin à son goût! C'est terrifiant à quel point j'étais aliéné, parfois. Si seulement quelqu'un m'avait filmé quand je tournais en rond afin que je puisse constater par moi-même que je n'allais pas bien.

Je n'avais pas le temps de me reposer. Je devais m'affairer à nettoyer le sous-sol. La grand-mère de ma femme était une amasseuse compulsive de journaux. Après sa mort, la famille avait pris ce qui l'intéressait, mais il restait des piles de vieux journaux qui dataient de plus de cinquante ans, donc des années quarante ou cinquante. Cela me fascinait de voir des robes à deux dollars vingt-cinq ou des trucs à dix ou vingt cents. Les mannequins étaient dessinés à la main.

Je me suis donc mis à faire du ménage. À ce moment, j'ai perçu une autre présence, malveillante cette fois. Je ressentais de plus en plus une lourdeur sur mes épaules. Je précise que je ne communiquais pas avec la grand-mère; j'avais simplement l'intuition que je devais la

47. Spielberg, Steven. (1977) *Rencontres du troisième type.*

libérer. Mais cette nouvelle énergie lourde ne m'invitait pas à l'aider, mais plutôt à déguerpir.

S'agissait-il du grand-père de ma femme, lui aussi décédé? C'est ce que je sentais. Je l'avais connu dans le passé: un personnage bourru et peu commode. C'est précisément ce que je concevais dans mon esprit, à ce moment-là. Je n'éprouvais pas de peur face à cette entité, car je savais déjà que le vieil homme était malcommode et grincheux. Il ne voulait pas que je me retrouve dans ses pattes. On lui avait amputé une jambe en raison d'une gangrène, symptôme d'une consommation abusive d'alcool.

Par ailleurs, je devais désormais conjuguer avec un tout nouvel aspect dans ma vie: la gravité terrestre. Lorsque je me couchais, je sentais cette force me tirer vers le sol, comme si l'attraction allait m'aspirer dans la mort. J'avais très peur, alors j'évitais de dormir.

À ce stade, je n'avais pas faim, ni sommeil. Je ne mangeais plus qu'un sandwich par jour et je dormais seulement deux heures par nuit. « Cinquante millions d'images qui se bousculent dans ma tête », comme le chantait André Fortin[48]. Difficile de dormir quand le cerveau bouillonne à *Deux cents nuits à l'heure*[49]. J'ai vécu ainsi pendant près de deux mois. Je ne pesais plus que cinquante-sept kilos.

Vers le milieu de ma psychose, je devenais de moins en moins maître de mes pensées. Les énergies négatives étaient de plus en plus présentes. Ma femme commençait à être à bout de nerfs en raison de mes agissements. Elle m'a demandé gentiment de partir de la maison, ce que j'ai fait.

Je me suis d'abord dirigé vers la petite ville où j'avais en partie perdu la boule (de psychologue à pompiste). Je roulais dans une voiture dont le réservoir d'essence était vide et je me demandais jusqu'où j'allais pouvoir me rendre. Je me suis retrouvé dans un terrain vague. Je me suis immobilisé, j'ai coupé le contact, puis je me suis mis à chercher ce qui, à l'intérieur de l'auto, pouvait être responsable des dé-

---

48. Les Colocs. (1998) « Tout seul », *Dehors novembre.* BMG/Ariola, Musicocomptoir.

49. Fiori-Séguin. (1973) « Ça fait du bien ». *Deux cents nuits à l'heure.* Sony Musique, 1990.

charges électriques que je ressentais chaque fois que je touchais la portière. J'ai défait des fils de métal sous les sièges. J'ai ouvert le démarreur à distance : deux piles au lithium. Pourquoi du lithium ? Je n'étais pas malade ! J'avais juste besoin d'un peu de repos, c'est tout. Je m'emballais parce que j'essayais d'interpréter tous les signes que je voyais ou que j'entendais.

Lorsque je suis remonté dans la voiture, je me suis tout à coup senti criblé de balles. À part quelques taches sur ma ceinture, il n'y avait rien. Je n'avais pas entendu de coup de feu et je ne saignais pas. J'étais pourtant très mal en point, mais j'ai tout de même redémarré pour aller errer ailleurs.

Une femme, sur une petite colline, avait aperçu toute la scène. Quand j'ai croisé son regard, j'ai eu l'impression de la connaître, elle me semblait familière. Elle m'observait sans mot dire. Elle avait possiblement vu les tireurs embusqués. Elle était probablement consciente de mon sort. Peut-être, comme moi, attendait-elle la mort. Je me répétais constamment « you go la vie » pour « Yougoslavie ». Je pleurais en roulant ; je pensais à tous ces morts, à tous ces blessés. Je priais pour en recueillir plusieurs au passage. Peut-être était-ce des balles perdues qui avaient traversé mon cœur ?

J'ai rempli le réservoir d'essence, puis j'ai roulé à l'aveuglette. J'allais suivre les signes que j'apercevrais, ou tout simplement mon instinct. Il faut mentionner qu'au stade où j'étais la prise de décision était interminable. Entre deux choix, à gauche ou à droite, il y avait trop de choix.

J'ai abouti à Oka, face à un monastère. Ma quête pouvait-elle aboutir dans un tel lieu ? Je ne comprenais pas, bien que ce fût probablement la meilleure idée à ce moment, compte tenu de l'état dans lequel j'étais. Je n'y suis pas entré. Je me suis plutôt dirigé vers Montréal, chez mon ami qui m'a accueilli à bras ouverts. Mais je ne pouvais pas demeurer plus d'un après-midi dans cette maison un peu trop vivante pour moi, qui semblais sur le point d'être emporté par la mort, symboliquement et physiquement.

Mon énergie était tellement folle et intense. La gravité était-elle la gravité de mon existence ? Le poids que je portais était trop lourd pour mon petit moi. Lourd de gravité, oui, mais aussi lourd de honte et de regrets amers. Lorsque j'étais en psychose, je vivais des regrets, des remords. J'étais nu devant des entités qui semblaient me connaître davantage que moi-même. Je connaissais l'innocence d'embrasser une vérité comme on embrasse une bouche. Mais cette vérité demeurait étrangère à mon environnement, où on semblait discuter de moi. Plus tard, je comprendrai pourquoi. Par un simple regard, je devinais les pensées de ces entités. Je les entendais vibrer positivement ou négativement. J'étais un chercheur d'énergie et de lumière, pour rendre hommage au *Poète des temps gris* de Daniel Boucher[50]. Je délirais, j'hallucinais, et la synchronicité des événements commençait vraiment à m'effrayer : j'étais *The Truman Show*[51].

Je suis ensuite retourné à la maison pour prendre quelques affaires, puis je me suis rendu chez mon frère. Il habitait avec sa femme et leurs trois enfants : un âgé d'environ onze ans et deux jumeaux de cinq ou six ans. Toute la famille m'a accueilli à bras ouverts, mais je ne me sentais pas chez moi. Les énergies semblaient bonnes, mais les enfants, agités à cet âge, me tapaient sur les nerfs, et ma belle-sœur s'en rendait compte. Je n'allais pas demeurer là très longtemps, quelques jours tout au plus, pour me reposer. Mais c'est difficile d'y arriver quand on a des centaines d'idées dans la tête.

Pendant mon séjour, je suis allé m'acheter quelques trucs dans une grande épicerie que je ne connaissais pas. À l'intérieur, je ne voyais pas par où passer pour entrer. Puis j'ai aperçu un tourniquet. J'ai essayé de le franchir, mais il tournait dans l'autre sens, alors je suis passé en dessous. En me relevant, je me suis frappé solidement le dessus de la tête contre le métal. J'avais l'impression d'être observé par tout le monde ; je me sentais vraiment ridicule. Je me souviens que je voulais entre autres m'acheter une brosse à dents et une brosse à cheveux. Trop de choix, vraiment trop de choix !

À cette étape, j'avais vraiment le sentiment que tout le monde me regardait, me dévisageait, et je me demandais bien pourquoi. Je croyais que certains humains avaient la faculté de se connecter directement

---

50. Boucher, Daniel. (1999) « Le poète des temps gris », *Dix mille matins*. Boucane Bleue.

51. *The Truman Show*. (1998) Comédie dramatique mettant en vedette Jim Carrey.

à l'inconscient collectif. Ils pouvaient ainsi me sentir, comme si la masse du monde devenait une conscience en soi. Ce phénomène, je le ressentais plus particulièrement dans les centres commerciaux. On aurait dit qu'une partie du monde était, encore une fois, consciente de mon sort.

Lorsque je suis parti de chez mon frère, j'ai rendu visite à ma mère, avec une carte d'anniversaire et un petit cadeau. Lorsqu'elle m'a accueilli, je lui ai souhaité tous mes vœux et j'ai vu son visage s'étonner. C'était la bonne journée, le 25, mais je m'étais trompé de quatre mois : nous étions en mai et sa fête était en septembre !

J'étais de moins en moins capable de communiquer avec mes proches. Je faisais des actes manqués, comme dans le cas de l'anniversaire de ma mère. Je ne pouvais toujours pas concevoir que j'étais malade. Mais je me sentais exténué, au bout du rouleau. Je suis donc retourné à la maison. Ma femme a accepté que j'y demeure, mais elle commençait à être exaspérée ; elle songeait même au divorce.

Au moment de ma psychose, *The Truman Show* était à l'affiche. Ce film montre bien qu'à un certain moment on peut arriver dans un cul-de-sac. Je sortais parfois avec des amis, dont un frère de ma femme et sa blonde. Il y avait aussi Joe et sa copine. Nous nous appelions tous « Joe ». Pour nous distinguer, nous utilisions nos noms de famille, comme Joe Simard ou Joe Morin. J'étais *The Truman Show*, c'est-à-dire que j'avais le sentiment que tout le monde était au courant de ma vie, mais personne n'avait le droit d'y faire allusion.

Un soir, nous avons fait un feu dehors. Il faisait beau et chaud. Mes Joe discutaient de je ne sais trop quoi ; je ne comprenais rien à la conversation. Vers la fin de la soirée, je suis allé à la toilette à l'intérieur d'une grande bâtisse. J'ai alors entendu un bruit assourdissant, comme si un camion avait percuté le bâtiment. Ma réaction a été très étonnante. Je suis sorti en empruntant une attitude et une démarche à la Terminator. J'ai salué mes amis en me dirigeant vers ma voiture et j'y suis monté. On aurait dit que le véhicule s'était métamorphosé pour s'ajuster à mon confort. Je me sentais probablement comme Batman dans sa Batmobile.

Durant cette soirée, je sentais la présence de deux entités masculines. Elles n'appartenaient pas au monde des humains, mais plutôt à celui des anges cornus, qui appréciaient notre fête. Deux genres de Dionysos ou de Belzébuth calmes. Dans mon esprit, le mot « diable » est comme le mot « dieu ». À mon sens, les anges déchus demeurent tout de même des anges. Je regardais les étoiles, comme chaque soir où je mettais les pieds dehors. Mais cette fois, j'avais deux comparses, deux compagnons imaginaires qui étaient là pour moi. Ce n'était pas des trépassés, plutôt de grands gaillards solides, mais respectueux. Ils ont passé la soirée avec nous, mais sans intervenir de quelque façon que ce soit.

Une autre fois, je suis allé dans un *party* dans un village voisin. Nous étions dans un *pit* de sable, avec un gros feu au centre. Le ciel n'avait plus de place pour contenir les étoiles, et on pouvait distinguer facilement la Voie lactée. Tout le monde discutait, buvait et rigolait. Moi, j'étais calme, serein, heureux. Je remerciais encore le ciel de m'offrir le privilège d'être vivant et de participer à la grande aventure de la vie. Je me sentais en harmonie avec mon environnement. Un sympathisant des Hells Angels observait les mouvements des quelque douze personnes que nous étions. Je cherchais tellement ma place que j'aurais presque été partant pour l'aborder et lui dire que j'avais du temps à vendre. Mais ce n'était que dans mes fantasmes les plus fous.

Un gars est arrivé et a reculé sa voiture sport vers nous. Il voulait nous montrer ses nouveaux jouets. Son coffre arrière était rempli de haut-parleurs et de fils électriques, dont certains avaient le diamètre d'un petit doigt. Il nous a vraiment impressionnés avec son matériel et le son qui sortait de cette bête qui faisait vibrer son auto, un peu comme ce qu'on voit et entend sur la Grande-Allée à Québec, les jours et les soirs d'été. On aurait dit que sa chaîne stéréo avait quelque chose de vivant. J'étais impressionné d'être témoin de cette nouvelle technologie. Le futur semblait s'approcher de plus en plus de nous.

À un certain moment, une publicité de Harley Davidson annonçait un concours qui donnait la chance de remporter une moto, remise lors d'une fête. Pendant des jours, je me suis demandé si j'allais y participer. Mais j'avais trop peur de gagner l'engin et d'être obligé de monter sur la scène. En fait, je crois que je craignais surtout de laisser sortir mon côté sombre. Après ma dépression, je me suis acheté une moto Shadow 740 de Honda, crème et vert forêt, et je roulais déjà dans une Shadow de Chrysler, blanche. Pour un gars qui cherchait à confronter son ombre, je l'affichais partout sans même le constater.

Un jour, ma femme m'a demandé si elle était en danger. Je lui ai répondu que je ne croyais pas. Selon moi, elle n'était pas en danger, mais il y avait un danger. Le lendemain, je découvrais, par hasard, la moitié d'un taon dans une poche de sa veste. Elle ne savait pas plus que moi comment il s'était retrouvé là. Nous étions inquiets. À qui ce message s'adressait-il? J'avais le sentiment qu'il m'était directement destiné, pour la simple et bonne raison que lorsque je ne savais pas quoi écrire, je me disais: «Allez, vas-y, Tito le taon!» Une seule autre idée me traversait l'esprit: Stormor, une marque d'étagères en métal. Dans mon esprit, il s'agissait d'une énigme: le *s* et le *t* sont mes initiales; *or* signifie «ou» en français; et *mor* étaient les trois premières lettres du nom de famille de ma femme. Je croyais que la mort pouvait rôder dans les parages.

J'ai alors décidé de confronter Dieu. Je lui ai demandé de me rappeler à lui: si l'un de nous deux devait mourir, ce serait moi. Je l'implorais de me laisser poursuivre ma mission de l'autre côté. Pour le faire réagir, j'ai pris une grosse hostie, comme on en vend dans certains magasins à un dollar, et je l'ai déposée sur le gazon. Je l'ai ensuite aspergée de peinture bourgogne, pour produire l'illusion du sang, et j'ai enfoncé un clou de quinze centimètres en plein centre. Je suppliais Dieu de mettre un terme à mes souffrances terrestres et de me choisir, s'il nous envoyait la mort.

Mais il n'y a pas eu d'écho. C'était le silence. Alors, j'ai espéré l'intervention d'un diable. Je souhaitais rencontrer Lucifer (porteur de lumière) pour faire sa connaissance. J'aurais aussi voulu connaître Belzébuth («un gars de *party*», comme le chante Éric Lapointe[52]). Par contre, je n'apprécie pas vraiment Satan, car je ne me considère pas comme un égoïste ou un égocentré, comme le chante Daniel Boucher[53]. Satan s'attend à des sacrifices, à des rituels mystiques: ce n'est pas mon genre. Enfin, je ne raffole pas non plus de Mammon, que je laisse aux bons soins des Bérets blancs.

52. Lapointe, Éric. (1999) «Partir en paix», *À l'ombre de l'ange.* Diffusion YFB inc.

53. Boucher, Daniel. (1999) «La désise», *Dix mille matins.* Boucane Bleue.

C'est alors que ma femme m'a emmené consulter un médecin. En se basant sur les symptômes que je lui décrivais et sur mes antécédents familiaux, il m'a prescrit du lithium. Quel affront ! Mais j'allais quand même suivre sa prescription, en n'y croyant pas du tout. J'ai bientôt jeté les comprimés, devant ma femme, en lui disant : « Regarde comme je tremble : ces cachets ne sont pas faits pour moi. »

Une semaine plus tard, elle m'a convaincu d'aller à l'hôpital. Nous nous sommes rendus à l'urgence. Le problème est que, même si j'étais déjà très hypothéqué, je parvenais tout de même à très bien m'exprimer par moments. Ce fut sûrement le cas cette fois-là, car le psychiatre de garde m'a laissé partir sans ordonnance. À peine quelques jours plus tard, ma femme et sa mère m'ont invité à aller magasiner avec elles. Je me doutais bien de ce qui se tramait, mais j'ai décidé de jouer le jeu. Cette fois, on m'a gardé. Ma parole ne comptait plus ; c'était celle des deux femmes qui était fiable.

Le premier soir que j'ai passé à l'hôpital psychiatrique, j'étais en colère. Je me souviens très bien de ce que j'ai dit à ma femme juste avant que nous nous quittions : « Es-tu folle, christ, de m'amener icitte ? Pis là, y vont m'garder. Chu psychologue, tabernacle ! » Pauvre elle, je la culpabilisais alors qu'elle faisait exactement ce qu'il fallait. Quelques jours de plus et j'aurais été en très mauvais état. J'aurais frappé un mur, contrairement à ce que me disaient les moineaux dehors (les échos que j'entendais), en arrivant à l'urgence : « Reviens icitte, tu suite ! » (dites-le en sifflant sur le bout de la langue) ainsi que les corbeaux : « Pas là, pas là ! » Je m'en voulais d'avoir engueulé ma femme, mais je m'en voudrai aussi de ne pas avoir suivi les bons conseils des oiseaux, car mon entrée à l'hôpital comportera un événement tragique.

La première nuit, on ne m'a donné aucun médicament, pas même de l'Ativan. Curieusement, j'ai dû dormir cinq ou six heures. Je devais être évalué le lendemain, mais le matin, plus rien n'allait. J'entendais l'accordéon de ma grand-mère maternelle décédée, et je fixais le stationnement à travers la fenêtre. Les voitures paraissaient vivantes ; leurs circuits électriques semblaient teinter leurs lumières. Les phares et les feux arrière passaient de clairs à sombres. Une voiture blanche passait au gris, puis au noir, pour revenir au blanc.

C'est quand j'ai commencé à fixer un poteau de téléphone que cela s'est gâté. Cette fois, je devais faire quelque chose d'important: canaliser l'énergie terrestre et l'énergie céleste en attrapant chacune avec une main. Je devais me tenir droit, les mains devant moi, dans un angle précis. Autrement, il se produirait une catastrophe. J'étais très tonique, je frôlais la stupeur, mais j'en étais conscient. L'heure était grave. Je ne voulais plus rien savoir de ces missions stupides.

La porte de ma chambre était ouverte, et je crois que j'effrayais les autres fous. Un gardien de sécurité est venu me chercher et je l'ai suivi sans opposer de résistance, tout en tenant fermement les deux barres électromagnétiques entre mes mains. Devant l'ascenseur, un autre gardien tenait la porte ouverte. C'est alors que, dans la salle commune, j'ai vu Bernard de Montréal à la télévision. On n'apercevait que son torse et sa tête. Il disait que nous pouvions construire une bonne société si nous y croyions. Mais je doute fort que cet éminent personnage, bien connu dans le monde ésotérique, était réellement à la télé.

À l'étage des plus hypothéqués, on m'a installé dans une petite chambre. Je devais attendre la suite. Je ne tenais plus l'énergie dans mes mains depuis l'ascenseur; ce que j'avais à faire était fait. Deux patients me faisaient peur. Je ne les voyais pas, mais je les entendais rire et se donner du «monsieur». (Je comprendrai plus tard qu'ils se moquaient du personnel qui vouvoie les bénéficiaires afin de maintenir une distance affective par rapport à eux.) Je ne sais pas ce qu'on m'a donné comme médicament, mais je suis tombé dans un profond sommeil. Durant la première semaine, je dormais entre dix-huit et vingt heures par jour. On me réveillait pour manger, mais j'étais incapable d'avaler quoi que ce soit.

À ce moment, je croyais que ma mission sur terre était terminée. J'étais mort et on me maintenait artificiellement en vie à l'intérieur d'un quelconque cyberespace. La télévision et les conversations du personnel et des patients créaient parfois un écho lorsque je me réveillais, torturé par les boutons de ma jaquette d'hôpital. Ce vêtement avait des propriétés particulières: après un certain nombre d'heures au lit, il se mettait à m'étrangler, à me pincer et, à certains moments, à m'administrer un petit choc de rien du tout, juste pour me rendre irritable, même si je parvenais difficilement à bouger mes paupières.

J'étais dans un cyberespace et le personnel était composé d'androïdes qui cherchaient à me stimuler (repas, causeries, etc.). On me parlait, même si moi, j'en étais incapable. Je n'entendais pas et je demeurais muet.

Après quelques jours, le psychiatre est venu me rendre visite. J'étais toujours en stupeur, assis sur une chaise devant une toute petite table. Le médecin s'est installé sur la chaise face à la mienne. Il semblait adopter ma position, me regardant gentiment, mais fixement dans les yeux. J'avais la tête penchée sur le côté, alors il a fait de même pour finalement se redresser. Le mouvement qu'il a exécuté a fait en sorte que je le suive. Puis je suis sorti de ma torpeur et nous avons pu communiquer un peu.

Ma femme n'a pas eu le droit de me visiter avant une semaine. J'étais trop hypothéqué pour échanger, non disponible. Une fois, je la sentais présente dans l'hôpital. C'était confus dans ma tête. J'interprétais son absence comme un refus de me voir. J'étais à demi conscient et je n'avais plus assez de force pour me battre et demander pourquoi elle ne venait pas. Plus tard, lorsque je me suis réveillé, j'ai appris qu'elle était bel et bien venue à l'hôpital pour m'apporter quelques vêtements, que je n'avais malheureusement pas le droit de porter. Ma jaquette continuait de s'en prendre à moi...

Un jour, attiré par le son de la télévision dans la salle commune, je suis sorti de ma chambre. Je ne comprenais pas très bien ce qui se passait, mais je faisais confiance au psychiatre qui m'avait conseillé de me mêler aux autres. J'ai alors vu ma femme et ma fille à l'écran, dans une émission française. Je croyais qu'elles me voyaient souffrir, mais qu'elles n'avaient pas le droit de me parler. J'étais vraiment confus.

Peu de temps après mon arrivée, j'ai aussi entendu la voix de ma conjointe qui m'appelait. Je suis rapidement sorti de ma chambre et, pendant un bref moment, de ma torpeur. Elle était seule sur un podium, assise dans son fauteuil préféré. À la télévision, elle m'implorait: « Serge, viens m'aider, je me noie ! Serge, je me noie ! » J'ai alors vu ma silhouette, qui n'était qu'une ombre, mais avec un contour bien défini, entrer dans l'appareil pour aller vers elle. Cette ombre, qui était moi-même, s'est retournée pour me regarder avant de se diriger vers ma femme pour la sauver. Puis l'image a disparu : la télévision était éteinte.

Après une semaine, j'avais pris suffisamment de forces pour qu'on me ramène à l'étage des moins souffrants. J'avais davantage de liberté, surtout le droit de m'habiller à ma guise et de retirer enfin cette maudite jaquette qui me faisait tant souffrir. J'étais heureux de me départir de cette camisole de force électrique.

Le soir même, je recevais la visite de mon épouse. À ce moment-là, j'étais probablement l'homme le plus heureux de la terre. Elle était radieuse, affichant le plus grand sourire que sa petite bouche pouvait m'offrir. Nous discutions de choses et d'autres. Je prenais des nouvelles d'elle et de notre fille. C'est alors qu'elle m'a dit qu'elle ne voulait plus rompre avec moi. Elle comprenait que j'étais malade et qu'on me soignait afin que je retourne à la maison. J'étais comblé par sa présence. On ne pouvait pas m'offrir un plus beau cadeau que cette réconciliation.

Alors que les visites se terminaient dans cinq minutes, elle m'a dit qu'elle devait partir. Elle avait loué un film qu'elle voulait regarder avec notre fille âgée de cinq ans à l'époque, en mangeant du maïs soufflé. Je lui ai répondu que je souhaitais profiter de sa présence au maximum. Cinq minutes plus tard, je l'ai accompagnée jusqu'à l'ascenseur pour la voir disparaître derrière les portes qui se refermaient sur elle. Nous nous sommes laissés souriants et joyeux.

C'est la dernière fois que je l'ai vue vivante ; elle allait se tuer en chemin dans un tragique accident de la route.

Elle a frappé de plein fouet une grosse remorque. L'attache était mal adaptée. Lorsqu'elle est passée sur une grosse bosse, la remorque s'est détachée et s'est retrouvée dans la voie de gauche. Il n'y avait aucune trace de freinage.

Le coroner a évalué que l'impact correspondait à celui d'une voiture heurtant un mur de ciment à cent soixante kilomètres à l'heure. Ma femme n'est pas décédée sur le coup. Elle a survécu durant une heure après l'impact. Elle était brisée de partout, à l'exception de son cerveau qui était demeuré intact. Sa mâchoire avait littéralement été pulvérisée. Les poumons affaissés, elle se noyait dans son propre sang. Plusieurs organes étaient gravement touchés, dont le foie qui avait éclaté, ce qui a provoqué la mort. Elle exerçait le métier d'infirmière et elle est morte en ayant tous ses esprits. D'ailleurs, dans son cercueil, ses paupières exprimaient la surprise, comme si elle était pleinement consciente qu'elle mourait.

Lorsque j'ai appris la terrible nouvelle, je me suis culpabilisé de l'avoir retenue pendant cinq malheureuses petites minutes, moment qui devait nourrir mon avidité narcissique. J'étais à coup sûr son assassin. Ce sont les deux frères de ma femme et le mien qui sont venus m'annoncer la tragédie. Je leur ai demandé de partir et j'ai affirmé que j'oublierais tout cela. Je n'étais pas du tout équipé pour faire face à la réalité du décès de ma bien-aimée. J'étais trop médicamenté pour pleurer, ce qui me faisait paraître impassible. Alors, je discutais avec le gardien qu'on m'avait attitré afin que je ne fasse pas de conneries, comme m'enlever la vie. Mais je n'avais aucune intention de me suicider, surtout que je n'aurais jamais laissé ma fille orpheline de mère et de père. Si j'avais été seul, cela aurait été différent...

Je ne croyais pas du tout à son décès. Je ne pouvais pas y croire. Je n'avais pas la force d'y croire. J'ai voulu constater l'état de la voiture, une Saturne 1994 qui avait déjà été accidentée. Il n'y avait pas de sac gonflable, et comme dans ce modèle la ceinture se plaçait automatiquement à l'épaule, ma femme n'attachait pas celle sur le ventre, ce qui lui a été fatal. Le moteur était maintenant sous la banquette avant, côté passager. Le toit était ouvert, car les services d'urgence avaient dû utiliser les pinces de désincarcération. Il y avait du sang partout.

La remorque n'était pratiquement pas abîmée ! Le hasard a fait que son propriétaire était le cousin du père de ma femme. Mais ce n'est pas lui qui conduisait, c'était son neveu. Il avait conseillé au garçon de ne pas utiliser la remorque, car sa boule d'attache était trop petite pour le coupleur. Le jeune a dû se dire qu'il serait prudent. Je le connaissais pour l'avoir entraîné au hockey, et mon épouse avait suivi des cours avec lui à la polyvalente ; ils étaient assis à la même table en histoire de quatrième secondaire. Il s'agissait de quelqu'un de plutôt réservé, timide et de très bien éduqué. En 2002, je suis allé le voir à son garage. Je lui ai dit qu'il devait faire son deuil, que je ne lui en voulais pas. Il avait commis une erreur, mais je suis convaincu qu'il n'avait pas l'intention de tuer quelqu'un. Je crois que mon pardon l'a réconforté. En 1999, son père était décédé d'une maladie; la même année, un de ses frères s'était suicidé.

Lors des funérailles, il y avait une grande foule; on faisait même la queue dehors pour entrer. J'avais des hallucinations auditives semblables à celles de mon enfance. J'étais médicamenté: une dose de cheval (mon signe astrologique chinois). Engourdi, je serrais la main de tout un chacun, sans trop prendre conscience de ce qui se passait. J'avais fait fermer la tombe: je n'ai pas besoin d'expliquer pourquoi. Insouciant et inconscient, j'entendais ma fille me demander: «C'est qui la madame qui dort?» Je n'étais pas capable de pleurer tellement j'étais médicamenté. Je me trouvais dur de ne pas verser une seule larme, moi qui, trois semaines auparavant, pleurais tout seul pour rien dans mon automobile.

À partir du moment où ma femme est décédée, et après mon retour de la cérémonie funèbre, j'ai demandé à mon psychiatre si je pouvais rentrer chez moi pour entamer mon processus de deuil. Je ne pouvais concevoir de le vivre parmi une bande de fous. Il a accepté, mais non sans résistance. Il ne semblait pas trouver qu'il s'agissait d'une bonne idée. Je suis tout de même retourné à la maison en promettant de prendre mes médicaments, ce que j'ai fait. La mère de ma défunte femme s'occupait de ma fille. Je me suis mis à boire beaucoup. J'ai régressé et je suis revenu à la case départ après deux semaines. Je ruminais tout ce que je venais de vivre. Je me suis à nouveau retrouvé en stupeur catatonique et on a dû me ramener à l'hôpital. J'y resterai les deux mois suivants.

À mon premier réveil en psychiatrie, quelque chose s'est fracturé dans mon esprit, à la manière du film *Moi, moi-même et Irène*[54]. J'étais en colère et je me sentais baveux. Par contre, j'étais très gentil avec une patiente qui venait d'arriver. Je tomberai amoureux d'elle et elle deviendra la mère de mes deux plus jeunes enfants. Lorsque je l'ai aperçue sortant de sa chambre et se dirigeant vers la salle commune,

54. *Moi, moi-même et Irène.* (2000) Comédie mettant en vedette Jim Carrey. Dans ce film, un policier bonasse saute un câble. Il décompense à sa manière; il a une double personnalité qui devient triple à un certain moment.

on aurait dit un ange directement tombé du ciel qui cherchait Dieu. Ses pieds semblaient ne pas toucher terre.

Je l'ai trouvée si belle que j'ai tout de suite éprouvé une solide attirance. Elle était vraiment radieuse, d'une beauté naturelle flamboyante. Toute petite (un mètre cinquante-huit), elle avait de très longs cheveux brun châtain. Son visage angélique montrait de beaux yeux bleu océan. Elle avait aussi une jolie bouche invitante, de toutes petites oreilles et un nez protubérant avec, devinez quoi... Oui, une petite bosse sur le dessus ! Son profil était celui d'une déesse grecque, comme Aphrodite.

Un jour, elle et moi avons littéralement pété les plombs. Je menaçais de réveiller la folie en chacun des patients, sous les encouragements de ma partenaire qui leur en faisait baver. Des gardiens et des membres du personnel m'ont contenu pour m'injecter une piqûre d'Haldol dans une fesse, parce que je me débattais. Après cinq minutes, je dormais. Mais ce traitement n'était rien comparativement à la salle de contention : une pièce carrée munie d'un lit monté sur une base en métal, d'une toilette en métal et d'un lavabo en métal. Le lit était équipé de courroies de contention pour immobiliser les chevilles, les poignets et le corps des fous comme moi qui devenaient trop rebelles. Très efficace. Dans toute mon existence, j'y ai fait deux séjours : je n'ai pas apprécié.

Après cet événement, j'ai eu droit à un jugement de la cour me condamnant à y demeurer pendant un minimum de vingt et un jours. J'ai vécu cela comme une injustice de la part des autorités médicales, particulièrement mes médecins psychiatres[55]. C'était de la foutaise, pensais-je. Leur seul but était de me séparer de mon ange, car le personnel n'était pas d'accord avec l'idée de nous laisser former un couple. Mais nous allions tenir notre bout, et elle, qui avait signé un refus de traitement, pouvait venir me visiter tous les soirs, ce qu'elle faisait assidûment. Elle m'apportait des revues et des collages qu'elle avait fabriqués pour moi.

55. Je dis *mes* médecins, car mon psychiatre avait pris une interne sous son aile ; elle m'était antipathique.

Un soir, j'ai aussi reçu la visite de Joe Simard et de sa compagne. Il m'avait apporté un vrai chapeau de fou, avec des grelots. Et il me faisait ! C'est là qu'on voit les vrais amis. Ils ne tentent pas d'ignorer votre détresse en disant : « Ne t'en fais pas, c'est juste un bout dur à passer, ça va bien aller ! »

J'ai fait mon temps, puis je me suis à nouveau retrouvé à l'étage où j'avais vu ma femme pour la dernière fois. Je n'avais vraiment plus peur des autres patients, mais eux me craignaient.

J'étais un nouveau Moi : tonique et impoli avec le personnel et les patients. J'étais surtout baveux avec ceux qui le méritaient : les mendiants de baffes. Je ne me reconnaissais plus. Je n'étais plus en psychose, j'étais simplement enragé, et il fallait me prendre avec des pincettes. Ma nouvelle compagne, elle, avait le droit de me dire ce qu'elle pensait, même si elle me confrontait parfois.

Il faut que je vous dise un mot à propos de l'hôpital. À certains égards, cet établissement a presque une fonction maternelle. Rien à cuisiner, tout est servi à la chambre. C'est mieux qu'un hôtel quatre étoiles ! On vaque à ses occupations sans avoir de comptes à rendre à personne. Tant qu'on respecte les règles, ça va. Tous les jours, des infirmières en relation d'aide nous rendent visite. Bref, c'est le confort total. Par contre, le temps est comme figé. Notre montre ne semble pas fonctionner tellement c'est ennuyant. De plus, on y côtoie des gens qu'on aime, mais d'autres qu'on est incapables de supporter. Il est préférable de se faire des amis pour discuter, échanger de la musique et philosopher à propos de notre état de malade mental. Fermons la parenthèse.

Durant plus de trois ans, j'ai vécu avec le bel ange qui ne touchait pas le sol. Je crois que cette femme était mon âme sœur ; nous nous étions trouvés. Mais nous avions trop de choses à régler de part et d'autre pour nous rendre mutuellement disponibles. Elle voulait être libre et m'aimer spontanément ; je la voulais pour moi tout seul. J'étais égoïste et égocentré, désespéré de voir que cela ne fonctionnait pas pour nous deux.

En fait, ça ne pouvait pas fonctionner, car l'amour que j'éprouvais n'était pas authentique. Si nous avions été plus transparents, peut-être aurions-nous découvert davantage de points en commun.

Notre chair était trop à vif pour que nous ne nous écorchions pas au passage[56]. Nous étions dans une relation fusionnelle-duelle. Un théâtre que j'avais bien connu avec Sonia, mais également avec ma mère durant mon enfance et mon adolescence. Notre couple allait de la passion la plus chaude aux chicanes les plus violentes. Je me retrouvais à nouveau dans des montagnes russes : des hauts et des bas. Mais je n'avais pas envie de faire des manèges.

Nous avions les mêmes champs d'intérêt et nous passions des heures et des heures à refaire le monde. Mais nous nous sommes rencontrés alors que nous n'étions pas à notre meilleur : décompensés, en jaquette d'hôpital, et moi endeuillé. J'étais tellement amoureux d'elle que j'en oubliais mon deuil, raison pour laquelle j'étais suivi en psychothérapie. Je n'avais plus de frontières avec elle. Je débordais d'amour, mais parfois je pensais à ma défunte femme, avec laquelle je n'avais pas connu ces périodes successives de hauts et de bas. J'étais mélangé, ambivalent : quelque chose me disait de déguerpir, alors qu'une autre partie de moi se sentait très attirée vers cet ange qui ne touchait pas le sol.

Lorsque j'étais seul à la maison, j'écoutais Harmonium[57] ou une autre musique calme et déprimante rappelant l'automne et les jours de pluie. Je me permettais alors de pleurer un bon coup. Sinon, je jouais de la batterie pour me défouler un peu ; elle faisait raisonner la petite maison centenaire. Heureusement que j'avais cet instrument, car je m'isolais beaucoup et il fallait que je brise cette réclusion d'une façon ou d'une autre. Le silence était parfois si lourd que je le remplissais du son de mes caisses que je frappais avec mes baguettes et mes pédales, mes pieds dansant en rythme.

Mon ange et moi sommes ensuite allés nous établir dans une petite ville sur la Rive-Sud de Québec. Nous avons emménagé dans un modeste bungalow dont nous étions très fiers. Nos deux merveilleux enfants y verront le jour, à un an et trois mois d'écart : un garçon et une fille qui nous comblent de bonheur. Au premier accouchement, le médecin me réservait une surprise : il avait des gants et une blouse

56. Lapointe, Éric. (1999) « Le cœur au vif », *À l'ombre de l'ange.* Diffusion YFB inc.
57. Harmonium. (1975) *Si on avait besoin d'une cinquième saison.* Polygram.

pour moi ! Eh oui, j'ai accueilli notre fils dans notre monde. Je pleurais comme un enfant tellement l'expérience était intense, symbolique et extrêmement significative pour moi.

Pour notre fille, ce fut très différent. J'étais en psychose et je ne me suis pas du tout impliqué, cette fois. Une entité est venue m'avertir au casse-croûte de l'hôpital que mon ange était en train d'accoucher, alors que je mangeais un club sandwich ! Je lui ai répondu que je m'en foutais et que de toute façon, sa sœur était près d'elle. Lorsque je suis monté à la chambre, après m'être régalé, tout était fait...

Nous avons vécu toutes sortes de choses, bonnes comme mauvaises. Nous nous sommes laissés une quinzaine de fois, mais, comme deux aimants, nous nous retrouvions toujours ensemble. Il faut dire que sexuellement c'était un arrimage parfait. Nous avions tout pour être bien : une maison, une auto, une moto, un garage, de l'argent, des rêves... Mais nous ne rêvions pas ensemble. Nous sabotions notre couple. C'est comme si l'énergie était trop forte entre nous, à un point tel que cela créait beaucoup de tension. À ce moment-là, nous devenions violents, d'abord verbalement puis psychologiquement. J'ai même participé à un groupe de thérapie pour les hommes qui recourent à la violence dans leur couple. Ma démarche m'a fait comprendre qu'il s'agissait d'une dynamique, et qui dit dynamique dit au minimum une dyade. C'était une synergie. À qui appartenaient les torts ? Qui était le plus blessé ? Ce sont des questions sans réponses, car elles sont sujettes à l'interprétation et aux perceptions. Je crois que les deux étaient coupables à la base, et honnêtement je me sentais aussi bien la victime que le bourreau, et je ne crois pas que je faisais de la projection.

Mon ange pouvait parfois être une peste quand elle le voulait. Elle devenait alors insupportable. Elle critiquait tout ce que je faisais ou disais. Comme j'avais une faible estime de moi, j'étais touché outre mesure. Alors, la tension montait. En fait, les plus beaux moments que nous avons passés ensemble, sans nous blesser, c'est à l'hôpital, à nos débuts et pendant une virée en Gaspésie. Notre lune de miel aura quand même duré quelques mois. Si nous avions poursuivi dans la même veine, nous serions peut-être encore en couple à l'heure actuelle.

Ma dépression majeure m'avait fait perdre ma femme à tout jamais. Je suis encore marqué dans mon cœur par cette séparation dramatique. Si j'avais su, j'aurais commencé à prendre le lithium prescrit, malgré les tremblements. J'aurais tout fait pour éviter d'entrer dans cet hôpital. Quand je repense au fait qu'elle était toute brisée, prisonnière de son automobile en accordéon, et qu'elle avait encore tous ses esprits... Je n'étais pas du tout équipé pour faire face à sa mort.

Cette tragédie m'a mené vers la rencontre de l'ange qui ne touchait pas le sol. Je n'avais pas commencé mon deuil, et j'étais loin de l'avoir fini. Je devais travailler sur cet événement en psychothérapie, mais la nouvelle relation que j'entretenais prenait toute la place. Je n'étais pas disponible pour faire mon deuil. J'avais trop de choses à réparer : notre couple, elle, moi. La commande était trop lourde.

J'ai peut-être idéalisé la relation que j'avais avec mon ange. Les gens de mon entourage me disaient de faire attention de ne pas me blesser avec cette jeune femme au caractère de lionne. Je ne les ai pas écoutés. Ils avaient pourtant raison. Nous allions passer plus de trois ans ensemble à trop nous aimer et à nous bagarrer. Trois années de manèges extrêmes.

C'est difficile de trouver une solution lorsqu'on fait partie du problème. C'est comme la forêt qu'on ne peut pas percevoir parce qu'on est trop collé sur un arbre. Décidément, je voulais me cacher la vue concernant le décès de ma femme. À peine un mois s'est écoulé entre sa mort et ma rencontre avec mon ange. Si ce n'est pas de la fuite, je me demande bien ce que c'est. Jamais je n'aurais agi de la sorte avant. J'aurais été le premier à porter un jugement sévère sur un couple qui se formait alors que la pierre tombale de la défunte épouse venait à peine d'être polie.

Je n'avais ni toute ma tête ni tout mon cœur, à ce moment. Trop de deuils à gérer en même temps. J'étais incapable de les affronter sans quelqu'un à mes côtés. Je ne pouvais pas concevoir de me retrouver seul avec ma souffrance et l'angoisse du manque. Mais notre manque de maturité affective faisait en sorte que je ne pouvais même pas penser à aller travailler, tellement les conflits dans notre couple étaient accaparants.

À un certain moment, j'ai pu mettre nos problèmes de côté pour me concentrer sur ma psychothérapie. Je me suis aventuré jusqu'aux frontières de mes angoisses de séparation, que j'ai fuies à la première occasion. J'ai dû mettre un terme à ma démarche tellement j'angoissais à l'idée d'éclairer les murs de ma grotte obscure. Je crois que je n'étais pas prêt à sonder ces zones sombres de ma psyché. J'ai repris ce travail plus tard, avec la même psychiatre psychanalyste. Cette fois, je me sentais prêt à affronter mes craintes et mes angoisses. Entretemps, j'ai entrepris une thérapie avec une psychologue, qui a davantage porté sur ma place dans la société, ma vie professionnelle, etc. Mais j'ai quand même travaillé sur mes deuils.

Concernant ma carrière, j'étais en train d'accepter ma nouvelle étiquette : je serais désormais un psychologue psychotique, et je deviendrais bientôt un psychologue scolaire psychotique. Je désirais avoir une bonne santé mentale et pour cela, je devais faire la paix avec toutes mes étiquettes. Finalement, je me suis relativement bien adapté. Je suis demeuré un peu en retrait, mais cela fait partie de ma structure de personnalité. Nous reviendrons plus loin sur cet aspect.

Plus tard, j'ai consulté une intervenante sociale afin qu'elle me guide dans mes activités quotidiennes avec mes enfants, dont j'avais la garde à temps plein. J'étais devenu un père chef de famille monoparentale. Je crois que je paniquais un peu inutilement. Avec de la discipline et une bonne routine, nous n'avons aucun problème à nous organiser. J'ai la chance d'avoir des enfants faciles et coopératifs. Le problème, c'est surtout de préparer les repas. Je ne cuisine pas vraiment, alors c'est parfois fade et sec.

Actuellement, ma plus jeune a neuf ans et mon deuxième a fêté ses dix ans récemment. Quant à ma plus vieille, elle est déjà rendue à dix-huit ans. Ce ne sont plus des bébés. Ils sont bien éduqués, polis et respectueux. Les autres parents me font des commentaires positifs lorsqu'il y a une fête d'enfants ou quand ils vont dormir chez des amis. Je suis très fier d'eux.

Est-ce que mes enfants ont une prédisposition génétique à la maladie mentale ? Oui, surtout les deux plus jeunes, dont le père et la mère sont psychotiques. Pourquoi mettre des enfants au monde en sachant qu'ils vont probablement souffrir plus tard ? S'il fallait rayer de la carte tous les psychotiques de ce monde, nous perdrions énormément de créativité humaine. Plusieurs personnalités sont structurées selon des gabarits psychotiques.

Marie-Pier et son agrégat

En 2002, peu de temps après la naissance de mon garçon, j'ai fait une autre dépression majeure qui durera environ quatre mois, dont un d'hospitalisation. Tout a débuté alors que j'habitais au sous-sol de ma maison, afin de laisser le rez-de-chaussée à mon ange. Nous vivions séparés sous le même toit et je m'occupais tant bien que mal de notre fils.

Un soir, j'ai ouvert une fenêtre du sous-sol pour avoir de l'air. Il faisait nuit. Le vent caressait ma peau et je trouvais cela agréable ; je me sentais bien. Tout à coup, j'ai senti une forte présence féminine. En fait, c'était un groupe, je l'apprendrais par la suite. La première qui m'a abordé était une femme d'une trentaine d'années, qui se présentera plus tard comme Marie-Pier. Les échos que j'entendais étaient nettement plus clairs et distincts qu'en 1999. Les entités semblaient être à l'extérieur de ma maison, mais bientôt elles seraient à l'intérieur...

Le lendemain, j'ai entendu des échos plus difficiles à supporter, car le médium que les entités utilisaient pour communiquer avec moi était une machine pour enlever l'asphalte. Même si leurs paroles n'étaient pas menaçantes, je les recevais comme de l'agressivité de leur part. L'écho d'un homme sacrait contre moi pour que je ferme mon « canal radio ». Il voulait que j'arrête de réfléchir, car les entités entendaient toutes mes pensées, et cela semblait désagréable pour elles. Je comprenais cette colère contre moi. Imaginez une radio qui émet sans cesse un discours qu'on ne peut interrompre alors qu'on n'a pas envie de l'entendre. Et si mes pensées devaient prendre le chemin du mangeur d'asphalte, je les comprenais encore plus. Mais je ne pouvais pas répondre à cette demande, à moins de mourir. Et je n'en avais pas du tout envie, alors je continuais à penser, à réfléchir. Pour moi non plus, ce n'était pas facile. Plus tard, en les apprivoisant, je me rendrai compte que les entités étaient au nombre de six, plus trois ou quatre autres qui n'étaient pas directement reliées à ce groupe.

Les échos étaient de plus en plus présents, pour devenir peu à peu des voix. Ces voix étaient comme un contact télépathique direct, comme on se parle dans la vraie vie. Contrairement aux échos, je n'avais pas besoin de faire répéter les entités, sauf si elles chuchotaient. Que ce soit des échos ou des voix claires, elles me parlaient une à la fois, fort heureusement. Que me disaient-elles ? Elles émettaient des commentaires sur mes actions, mes choix, mes décisions. Elles cherchaient à me connaître davantage, même si elles semblaient déjà percevoir certains aspects à travers moi.

Lors de ma première dépression majeure, je n'entendais rien ; il fallait que je tende l'oreille pour saisir les échos. Alors que cette fois, j'étais en communication directe avec les entités, sur le même canal radio. Mais elles utilisaient aussi les médiums (tout ce qui peut émettre des vibrations sonores) pour produire des échos, surtout pour se parler entre elles. Parfois, j'écoutais leurs conversations, mais elles me disaient de ne pas le faire, que cela ne me concernait pas. Je ne voulais pas les épier, mais je les entendais, c'est tout. Elles avaient de drôles de demandes, qu'elles devaient concevoir autrement, par exemple : « Arrête d'écouter ! » Que devais-je faire, me mettre des bouchons dans les oreilles ? Cela n'aurait rien changé, puisque je les entendais dans ma tête et à l'extérieur de ma tête.

J'utilisais un casque d'écoute sans fil. De cette façon, je pouvais aller et venir librement ; je pouvais même tondre ma pelouse et continuer d'entendre la musique. Je ne m'amusais pas à monter le volume, car les voix pouvaient rivaliser avec moi pour me faire comprendre de baisser le son. Même chose pour ma batterie. J'avais un bel ensemble Peavey Radial Series[58] six morceaux d'une valeur approximative de huit mille dollars. Lorsque je m'assoyais derrière, je ressentais une pression qui signifiait : pas trop fort et pas trop longtemps. C'est drôle,

58. Il était tout en érable, même la caisse claire. Aucune peau n'était perforée. Les caisses étaient fixées à deux bandes de bois situées aux extrémités. Pour voir cet ensemble, lancez une recherche sur Internet : « Peavey Radial Series drum. »

car c'était la même chose lorsque ma plus vieille ou mon ex-conjointe me faisaient de gros yeux qui en disaient long.

Nous nous rapprochions de plus en plus, mais elles étaient toujours à l'extérieur de moi. Nous avons finalement fusionné. « Fusionner » signifie pour moi qu'une entité est parvenue à se greffer à moi. Je deviens alors son hôte. Normalement, les entités viennent une à la fois, mais parfois c'est l'agrégat[59] que je semble porter. Nous devions faire un grand effort pour ne pas nous taper mutuellement sur les nerfs. À certains moments, cela allait merveilleusement bien, alors que d'autres fois c'était la catastrophe, surtout lorsqu'elles ne s'entendaient pas bien entre elles.

Je vais vous présenter les entités qui m'habitaient, et d'autres qui étaient extérieures à moi. Commençons avec Marie-Pier. Elle semblait être réfléchie, avoir une tête sur les épaules. Elle avait une voix chaude et douce ; son ton était égal et harmonieux. Nous discutions beaucoup ensemble. J'aurais aimé que les autres s'en aillent pour passer tout mon temps avec elle, ce qui soulevait une énergie négative de jalousie au sein de l'agrégat. J'étais amoureux. J'étais Perceval et elle, ma Blanchefleur.

Marie-Pier aimait beaucoup dessiner, alors je lui ai offert un cahier à dessin et une boîte de crayons qu'elle a choisie. Je m'appliquais à laisser à Marie-Pier le contrôle de mon corps, je me laissais guider à l'aveuglette vers son besoin. Nous nous exercions à le faire à l'épicerie, en auto, au centre commercial. Je lui faisais entièrement confiance.

Je ne connais rien au matériel d'artiste, mais Marie-Pier affectionnait plus particulièrement le crayon 6B, à la mine un peu grasse. Je lui donnais la permission d'utiliser mon bras, ma main et mes doigts pour le tenir. Il fallait pour cela que je fasse le vide. Nous avons passé beaucoup de temps à dessiner. Moi, je ne faisais que des bonshommes allumettes. Elle semblait une artiste. À travers le silence autour et l'écho du crayon sur la feuille, elle se racontait à moi. Elle était parfois très déprimée. Je le savais parce qu'elle ne chuchotait plus. Je le sen-

59. Il s'agit du terme qui se rapproche le plus de ma pensée. Ce sont les entités qui semblent accrochées les unes aux autres pour former un groupe.

tais parce qu'elle laissait le crayon glisser en ligne droite vers le bas, de façon de moins en moins visible, de moins en moins audible. Elle semblait parfois laisser tomber notre activité. Je la respectais dans ses choix. À certains moments, je faisais de l'écriture automatique avec elle.

J'ai offert à Marie-Pier beaucoup plus que du papier à dessin. Je lui ai acheté plusieurs tableaux, que je possède encore. Ce qui était le plus difficile avec elle, c'était de la nourrir. Elle était végétarienne, mais elle n'aimait pas la salade. Alors, je mangeais comme d'habitude, ce qui la rendait mal physiquement à l'intérieur de mon corps. Alors, j'ai commencé à lui laisser plus de place. Je n'avais qu'à dire, en claquant des doigts: «Expansion!» À chaque permission que je lui accordais, elle était reconnaissante. Le problème est que plus tard, les autres bénéficieront du même privilège... sans permission. Je devais me faire une raison: il s'agissait bel et bien d'un agrégat d'entités.

Il y avait aussi Jacynthe. C'était la sœur de Marie-Pier, mais elle n'avait ni le même caractère ni la même personnalité. Jacynthe aimait faire du placotage, mais de surface. Par contre, elle s'impliquait lorsque les entités et moi vivions un malaise ou que nous étions discordants concernant un sujet ou un comportement que j'adoptais sans leur demander la permission. Car oui, j'avais des permissions à demander pour ne pas les choquer. Jacynthe était derrière Marie-Pier qui, quant à elle, assurait le leadership quand il était temps de prendre des décisions.

Je sentais que Jacynthe ne m'appréciait pas beaucoup. Elle me disait s'appeler Jacynthe Roberge. Or, je connaissais une fille de ce nom; Jacynthe disait être cette personne. Je me suis rendu sur place pour chercher sa tombe dans le cimetière local. Mais il n'y avait pas de pierre à son nom. J'ai demandé de ses nouvelles à un passant. Il m'a dit qu'elle allait bien, qu'elle était mariée et qu'elle avait deux enfants. J'ai compris que les entités ne voulaient pas me donner leur vrai nom, alors elles empruntaient des pseudonymes. Je réalisais que les entités pouvaient me raconter n'importe quoi pour me mener en bateau. Elles pouvaient bien se moquer de moi, car c'était comme si j'avais été privé du sens de la vue. Il est plus facile de berner quelqu'un dans ces circonstances.

Maintenant, je vous présente Marie-Roxanne, la fille de Marie-Pier. Elle n'avait que seize ans, ce qui posait un problème en ce qui concerne le sexe. Il était hors de question que je vive une sexualité tant et aussi longtemps que ces entités habiteraient mon temple intérieur, c'est-à-dire mon corps et mon esprit. Il fut convenu que j'urinerais assis sur le siège de toilette, sans regarder mes parties génitales; alors, oubliez la masturbation! Aucune d'elles (sauf une) n'appréciait la sexualité, ou plutôt ce qui aurait dû être ma sexualité. En retour, elles ne devaient pas me sonder, comme Spock le faisait dans *Star Trek*.

Marie-Roxanne aimait les sensations fortes, alors je l'ai amenée à La Ronde sur l'île Sainte-Hélène, à Montréal. Mais elle détestait les manèges. C'est pour cette raison que je devais claquer des doigts pour lui faire de la place, afin qu'elle ne soit pas mal à l'aise. Ma sœur nous accompagnait et, malheureusement pour Marie-Roxanne, elle et moi sommes montés dans tous les manèges extrêmes: le Vampire, le Cobra, le Monstre, le Boomerang, etc. Ma sœur se demandait bien pourquoi je faisais claquer mes doigts de temps en temps. Personne n'était au courant que je faisais une psychose; rien ne paraissait, car tout se passait à l'intérieur de moi. Marie-Roxanne et moi avons passé une journée ennuyante, mais ma sœur et moi nous sommes bien amusés.

Marie-Roxanne aimait bien la sensation lorsque je buvais de la bière. Parfois, elle me faisait presque trébucher. Il ne lui en fallait pas beaucoup, à peine trois ou quatre bières. Elle était drôle, elle chancelait et me faisait des déclarations d'amour en parlant comme une adolescente ivre. Cela ne semblait pas choquer sa mère, qui ne réagissait pas. Elle n'était possiblement même pas sa mère, car la jeune femme avait plus probablement vingt-cinq ans.

Marie-Roxanne se présentait à moi comme une maîtresse de l'illusion. Elle pouvait me faire apparaître les images qu'elle voulait, quand elle le voulait, et ce, que j'aie les yeux fermés ou ouverts. Au début, elle me montrait des scènes d'horreur avec des faces de démons, du sang, etc. Je crois qu'elle cherchait à m'effrayer, car elle me craignait. Par la suite, elle m'a présenté des images plus harmonieuses. Chaque image qu'elle projetait en moi comportait des détails étonnants. On aurait dit que j'avais un appareil photo dans la tête, mais en haute définition.

Marie-Pier, Jacynthe et Marie-Roxanne étaient décédées sur le coup à la suite d'un tragique accident de la route : une collision frontale avec un gros camion dix roues. Je ne me souviens plus si c'est Marie-Roxanne qui m'avait montré la scène ou si je l'avais imaginée, mais je voyais le mastodonte rouge les percuter. Du moins, c'est ce qu'elles me racontaient. Mais elles pouvaient bien me dire n'importe quoi, puisque je les entendais très clairement, je les sentais, mais je ne les voyais pratiquement jamais, sauf à trois ou quatre reprises.

Du côté des hommes, il y avait tout d'abord Claude. Il était très grand, au moins un mètre quatre-vingt-dix, et élancé. Il m'intimidait, dans le sens où je le trouvais impressionnant physiquement. Claude ne souhaitait qu'une chose : me faire « tomber » pour prendre possession de mon corps. Il ne se gênait pas pour me dire qu'il voulait me faire la peau. À la manière d'Edward Alexander Crowley, mieux connu sous le pseudonyme d'Aleister Crowley, Claude prenait ma démarche puis, soudainement, pliait les genoux. Je tombais par terre presque à tous coups. Mes chutes semblaient lui procurer un plaisir sadique. De mon côté, j'étais terrorisé. Nous étions des ennemis.

Claude avait un vécu particulier. Lorsqu'il était jeune, il faisait des sacrifices d'animaux en accomplissant des rituels de sorcellerie. En vieillissant, il a embrassé une philosophie et un mode de vie sataniques basés sur les besoins de l'ego. Dans son monde, tout était permis, même prendre la vie de quelqu'un qui se dressait sur son chemin : j'étais cette personne !

À certains moments, Claude présentait davantage de retenue et de gentillesse. Nous vivions parfois de bons moments, mais sa menace pesait toujours sur ma conscience. Je crois qu'il ne faisait que m'étudier afin de cerner mes faiblesses. Il me demandait parfois de placer mes écrits sur la table de la cuisine, ce que je faisais. J'allais ensuite observer Marie-Pier qui dessinait, ou je faisais autre chose. Puis il venait me trouver pour que j'aille tourner les pages, après quoi je retournais vaquer à mes occupations. Quelques minutes plus tard, je l'entendais, par-dessus mon épaule, me dire gentiment : « Serge ! »

Une autre entité masculine se faisait appeler Celui-qui-est. J'étais conscient que chaque entité empruntait un pseudonyme pour ne pas me révéler son vrai nom, mais lui surpassait tout le monde. Celui-qui-est était un jeune homme débordant d'énergie et toujours fébrile, comme s'il vivait constamment un orgasme. Il était homosexuel et ne se gênait pas pour me faire des avances. Il était par ailleurs très lié à Marie-Pier ; c'était le seul à la faire sourire. Je crois qu'il menaçait mon homosexualité latente. Je lui disais qu'une partie de moi était peut-être homosexuelle, mais que, de façon globale, j'étais hétéro. D'ailleurs, je n'avais d'ouïe que pour Marie-Pier, et il le savait très bien. En outre, il n'était ni possessif ni jaloux. Celui-qui-est a toujours su dégager une bonne énergie en moi et autour de moi.

Un qui était possessif et jaloux, c'était Gros Bras. Il ne voulait pas m'adresser la parole, il ne voulait pas que j'existe. C'est qu'il était aussi amoureux que moi de Marie-Pier. Je l'avais surnommé ainsi, car une fois je l'avais halluciné visuellement dans la salle à manger, et il présentait un gabarit impressionnant. Gros Bras cherchait à rapatrier son groupe pour me quitter à tout jamais. Nous n'avions pas grand-chose en commun, si ce n'est l'affection que nous éprouvions à l'égard de Marie-Pier. Je crois que nous ne nous sommes adressé la parole qu'à trois ou quatre reprises durant leur séjour. Chaque fois, il s'agissait d'altercations à propos de Marie-Pier. Il voulait littéralement me casser la gueule, et son QI devait se résumer à peu près à cela.

Parmi les autres entités satellites, c'est-à-dire celles qui ne faisaient pas partie de leur agrégat, il y avait un jeune homme d'une vingtaine d'années qui tentait de séduire Marie-Roxanne, qui n'était pas du tout intéressée à lui. Il aura été avec nous pendant trois ou quatre jours. Plus tard, à l'hôpital, Marie-Roxanne tombera amoureuse d'un garçon de dix-neuf ans. Le problème est qu'il ne se trouvait pas au même étage que nous[60]. Il s'appelait Jonathan. Il était beau comme un jeune cœur en santé et avait l'air bohème et poète. Il avait un visage angélique et de longs cheveux bruns, comme ses yeux. Marie-Roxanne l'avait dans la peau et semblait encouragée à être dans la sienne. Mais quelque chose ne fonctionnait pas. Elle ne disait rien, mais nous le

60. Cela impliquait que je lui ouvre deux lourdes portes de métal sans me faire surprendre. Maître dans l'art de passer inaperçu, je traversais tout bonnement les portes interdites comme si je me dirigeais normalement vers une toilette.

sentions tous. Elle était tonique et marabout comme une adolescente frustrée. Elle n'obtenait pas ce qu'elle voulait.

Enfin, il y avait deux jeunes hommes sympathiques dans la jeune trentaine, qui me demandaient si j'étais le Grand Monarque. L'un d'eux avait été étonné de *me* voir dessiner des visages. Marie-Pier avait fait exprès pour tracer une figure qui lui ressemblait beaucoup. Ils n'ont passé qu'une seule soirée avec nous. Ils ont compris que je n'étais pas celui qu'ils cherchaient.

Pendant cinq ou six semaines, j'ai porté entre six et neuf entités, qui s'adressaient directement à moi de la même manière que si je vous parlais de vive voix. Parfois, je frôlais également quelques esprits solitaires, comme ce jeune homme qui se tenait aux limites de mon territoire en demandant la permission d'y accéder. Je ne voulais rien savoir. J'étais fâché quand les hommes m'accaparaient. Tout ce que je désirais, c'était passer du temps de qualité seul avec Marie-Pier ; c'est tout ce qui comptait.

Au début, les entités et moi avons traversé une phase de lune de miel. Je me souviens que nous étions plutôt en harmonie les uns avec les autres. Nous baignions dans une énergie positive et nous étions tous étonnés de pouvoir communiquer aussi facilement. Bientôt, nous avons communié ensemble, c'est-à-dire que nous formions une union commune. Je faisais ainsi partie de leur agrégat : je parle de fusion. Il était presque impossible de s'affranchir les uns des autres, après. J'éprouvais parfois une peur terreur, mais la présence de Marie-Pier me rassurait. Je l'avais vue à deux reprises – de mes propres yeux – veiller sur moi au bord de mon lit. Je savais qu'elle était une entité sur qui je pouvais compter.

Moi, le vivant, je répondais parfois à voix haute à ce que les entités me disaient. Je sentais que je devais désormais avoir un contact partiel avec la réalité physique de tous les jours ainsi qu'avec ma réalité psychique, comme un funambule sur une corde raide. J'utilisais un cellulaire sans piles afin de communiquer avec les entités, à voix haute, lorsque je faisais mes courses ou que j'étais au restaurant. Ainsi, personne ne me considérait comme étrange, tout le monde était dupé. J'aurais aussi pu utiliser un jouet d'enfant s'il avait été réaliste. Cela aurait eu le même effet.

À un certain stade, je leur répondais même de façon impulsive. Un soir, ma sœur était chez moi. À la salle de bain, j'ai oublié temporairement sa présence et j'ai discuté à voix haute avec les entités. Ma sœur me l'a fait remarquer; je lui ai dit que j'allais bien...

Marie-Pier et moi avons passé beaucoup de temps dans les galeries d'art et les studios spécialisés. Elle craquait pour deux toiles représentant Lancelot et Perceval, chevaliers gallois de la Table ronde. Sur l'une d'elles, on voyait Lancelot qui se faisait consacrer chevalier par la reine Guenièvre. Sur l'autre, que j'ai achetée, Perceval faisait la cour à Blanchefleur; il lui embrassait la main. Je n'apprendrai tout cela qu'à l'hiver 2012. Moi qui m'intéressais à Perceval, j'ai été étonné d'avoir passé, sans le savoir, une dizaine d'années de ma vie avec une toile qui le représentait, ainsi que Blanchefleur. Je l'ai découvert par hasard sur Internet.

Vers le milieu de ma psychose, Claude occupait de plus en plus de place. Il prenait ses aises et me menaçait souvent de me faire la peau. Je dormais juste d'un œil. Claude jouait avec moi comme on peut s'amuser avec un animal de compagnie. Je détestais sa présence, lui qui continuait d'imiter la façon de faire d'Aleister Crowley.

Plus tard, à l'hôpital, je le provoquerai en duel, en ayant à l'esprit que les autres membres de l'agrégat ne devaient pas plus l'apprécier que moi. Je me suis d'abord battu avec des mots de vérité: il n'était pas le bienvenu et je considérais qu'il était entré par effraction dans mes territoires physique, psychologique et spirituel. Je l'invitais à partir; autrement, il allait le regretter. Il a choisi de se battre, alors j'ai déployé mes armes. Qui dit bagarre dit coups: il allait en recevoir trois. Je me suis jeté deux fois dans mon lit d'hôpital, dur comme de la pierre, directement sur le dos, ce qui a choqué ma boîte crânienne ainsi que ma nuque, région que je visais surtout. Le troisième coup émanait de moi. Les autres entités me criaient: «Ta nuque, couvre ta nuque!» Je crois qu'elles faisaient référence à mon cerveau reptilien. Alors, j'ai protégé ma nuque. Claude a crié: «Tu m'as fait mal, hostie de fou!» Parallèlement à ces coups physiques, j'avais psychiquement déployé, à la grandeur de ma folie, un bouclier pour me protéger des entités.

Claude a bien vu que personne, à l'exception de Gros Bras, n'était de son côté. Le reste de l'agrégat semblait plutôt être du mien, ce qui me faisait vraiment beaucoup de bien. Je crois que la plus grande défaite de Claude est d'avoir réalisé qu'il n'était pas le bienvenu, ni dans mon temple ni dans celui des entités qui me soutenaient. Il est parti pour ne plus jamais revenir, Gros Bras également. Le groupe semblait à présent plus décontracté. J'obtenais maintenant son respect.

Les entités faisaient moins de bruit; j'allais être partiellement libre. Jacynthe et Marie-Roxanne ont manifesté le besoin de s'éloigner un moment. Mais Marie-Pier voulait rester à tout prix, sans que je m'en rende compte. Nous étions encore fusionnés. Elle n'aurait pas pu partir, de toute façon, sauf si je l'avais libérée. Il s'agissait d'un cérémonial complexe, mais réalisable en quelques secondes.

J'ai prévenu Marie-Pier que si elle voulait que je demeure son hôte, elle devrait bientôt s'engourdir et se perdre en moi, en raison de ma médication. Je semblais sûr de moi, mais je demeurais dans le doute. J'avais peur pour elle. Elle restait là et semblait démoralisée de voir que j'allais prendre de l'Haldol, un médicament qui cause de l'inconfort. En effet, j'avais l'impression que mon corps portait une camisole de force chimique. Je n'étais bien ni assis, ni debout, ni couché. L'Haldol coupait mes antennes. Je n'avais pas accès à toute mon énergie. « C'est ben d'valeur...[61] » Par contre, il me maintenait dans la réalité.

J'ai été hospitalisé pendant un mois pour cette décompensation. Les deux premières semaines, je ne prenais pas toute ma médication. Je cachais des comprimés sous ma langue, puis je les recrachais. Personne ne me surveillait puisque j'étais entré à l'hôpital par moi-même. Quand j'en suis ressorti, j'étais tout aussi décompensé qu'avant mon séjour. Je consommais une grande quantité de boissons énergétiques. On aurait dit que je voulais rester sur un *high* et ne pas perdre la relation que j'avais entamée avec Marie-Pier.

61. Philosonic. (2003) « La couleur », *Philosonic.* Les Disques Tox inc.

Marie-Pier ne parlait pas beaucoup. Elle semblait m'observer et attendre de voir quelle décision j'allais prendre, ce qui n'était pas évident. Cette fois, la maladie me procurait beaucoup de bénéfices secondaires, raison pour laquelle il n'était pas du tout évident de mettre un terme à cette psychose que j'affectionnais tout particulièrement. Imaginez, je pouvais passer tout le temps que je voulais avec Marie-Pier, ma bien-aimée. La raison l'emportera pourtant sur les plaisirs éphémères que j'aurais pu vivre avec elle. Mais il faut dire que j'ai suffisamment profité de sa présence et rigolé avec elle et Celui-qui-est.

Je conserve beaucoup de souvenirs de cette psychose. Une fois, toutes les entités voulaient conduire mon véhicule. Malgré quelques faiblesses, cela allait plutôt bien. Jusqu'à ce que Marie-Roxanne prenne le volant. Elle a appuyé tellement fort sur l'accélérateur qu'elle m'a surpris. J'ai dû réagir rapidement, car nous roulions tout droit vers un arbre d'environ un mètre de diamètre. Plus tard dans la même journée, j'ai failli être victime d'un accident en sortant du pont Pierre-Laporte, parce qu'il y avait trop d'énergie folle dans le véhicule. À quelques centimètres du garde-fou, tout le monde s'est tu. Nous avons gardé le silence jusqu'à la maison. J'aurais pu être gravement blessé. Si j'avais frappé le garde-fou, j'aurais fait une embardée. J'aurais pu tout aussi bien heurter une automobile en revenant sur l'autoroute. Je n'avais pas été distrait par un simple cellulaire, mais par une demi-douzaine d'entités excitées comme des enfants. Il fallait que je réussisse à les calmer. Ce genre de situation ne s'est produit qu'une fois. Habituellement, même si je parlais aux entités, je gardais les yeux sur la route. Conduire en état de psychose ne m'a jamais dérangé. Évidemment, pleurer en conduisant, ce n'est pas l'idéal. Mais sérieusement, j'étais très prudent lorsque je conduisais décompensé.

Les souvenirs de La Ronde sont fantastiques pour un maniaque des manèges comme moi. Mais, je l'ai dit, Marie-Roxanne n'aimait pas. Elle a boudé toute la journée. Elle a dit qu'elle était malade et qu'elle allait vomir. Je lui ai répondu que c'était impossible puisqu'elle n'avait pas d'estomac ! Elle a rétorqué qu'elle allait vomir à travers moi. Je lui ai souhaité bonne chance puisque je me sentais en pleine forme, et je le suis resté suffisamment pour passer chez ma sœur, après. Plus tard dans la soirée, j'ai manifesté le désir de partir, car Marie-

Roxanne semblait de plus en plus mal à l'aise en dedans de moi. Ma sœur se demandait encore ce que pouvait bien signifier ce tic de claquer des doigts à tout moment.

Nous roulions sur la route du retour. C'est alors qu'elle m'a demandé de m'arrêter dans un motel, car je ne devais pas conduire dans cet état de fatigue. Je l'ai remerciée de se préoccuper de moi. Il est vrai que j'étais un peu fatigué, mais j'allais continuer ma route quand même. Elle a insisté. J'ai fini par accéder à sa demande. Nous nous sommes arrêtés dans un banal motel de la Rive-Sud de Montréal. Elle m'a alors suggéré de prendre de la bière au dépanneur. Je sentais bien que Marie-Roxanne avait une idée derrière la tête. Pour ma part, je comptais bien demeurer les deux pieds sur terre.

J'ai bu de la bière. Marie-Roxanne était en état d'ébriété et s'est mise à me séduire. Je n'ai pas eu de rapport sexuel avec elle. Le pire que j'ai fait a été de prendre un bon bain en sous-vêtements ! J'avais apporté des vêtements de rechange, car je pensais dormir chez ma sœur. Marie-Roxanne était folle de rage que je repousse ainsi ses avances. Elle a fini par comprendre que peu importe ce qu'elle ferait, je n'allais pas broncher. En plus, j'avais fait une alliance avec Marie-Pier, qui acceptait de me laisser partir seul avec sa fille. Je n'allais pas la décevoir ; de toute façon, elle était trop jeune, apparemment.

Voici une autre anecdote. J'étais à la pêche avec mon ami Joe Simard. Marie-Pier m'accompagnait. Elle appréciait vraiment l'eau, le soleil, le vent et toute cette verdure[62]. Puis il s'est produit quelque chose de bien particulier. À tout moment, la fusion entre Marie-Pier et moi s'interrompait momentanément, de sorte qu'elle se retrouvait projetée hors de moi, au-dessus de nous, je veux dire, de la chaloupe. Elle me disait : « Serge ! Je suis sortie. Qu'est-ce que je fais ? » Je lui répondais de ne pas paniquer, que j'allais arranger cela. Alors, je faisais claquer mes doigts pour qu'elle me réintègre. Je ne sais pas si elle se moquait de moi, mais elle est sortie comme cela une demi-douzaine de fois. Mon ami Joe se demandait pourquoi je faisais claquer mes

62. Je crois que ce qui plaisait surtout à Marie-Pier, c'est que nous étions dans un endroit où il n'y avait pas de fils électriques. Elle semblait plus libre sans les interférences électromagnétiques.

doigts. Il devait croire que j'avais un tic temporaire, ou que ça n'allait pas bien dans ma tête.

Dans les grands magasins, je perdais souvent Marie-Pier. Elle détestait magasiner, mais j'en profitais pour qu'elle m'aide à choisir des vêtements pour ma plus vieille. Elle avait bon goût, mais elle n'aimait pas avoir à faire les choix que je lui demandais. D'ailleurs, elle m'a déjà boudé à ce sujet. Elle semblait très en colère et déçue que je l'implique ainsi dans ces achats. Je la comprends, ce n'est pas une tâche qui devait lui incomber. Je n'allais plus lui imposer cela.

Dans ces moments, je lui rappelais tout ce que j'avais fait pour elle : elle me devait bien cela ! Voyez-vous, même avec les entités, je pouvais donner avec l'intention de reprendre. Ai-je été manipulateur ? Tout à fait.

Marie-Pier me le faisait payer lorsqu'elle était incapable d'avaler quoi que ce soit. Dans ce temps-là, moi, j'éprouvais du dégoût pour la nourriture. Je détestais qu'elle se conduise de cette façon. Déjà qu'elle était fine bouche et qu'elle n'entrait pas dans n'importe quel restaurant. C'était compliqué, surtout qu'elle était végétarienne. Ah, que de déplaisirs nous avons connus ensemble autour de la nourriture ! Une fois, j'étais en colère contre elle et je me suis arrêté au McDonald ; je savais qu'elle allait exploser. En plus, j'avais décidé de manger à l'intérieur. Marie-Pier était très en colère. Mais j'avais le beau jeu, car c'est à moi qu'appartenait la décision, et c'est moi qui conduisais le vaisseau.

Elle me faisait parfois des scènes au restaurant. Elle s'opposait comme un enfant qui refuse de manger son brocoli. J'essayais de varier les menus pour trouver de quoi de bon pour elle, mais il y avait toujours un petit quelque chose qui n'allait pas. Peut-être avait-elle du mal à manger parce qu'elle était déprimée. Je ne sais trop.

Ce doit être difficile d'être morte et en dépression. En plus, tu ne peux pas te suicider, tu es déjà morte ! Je sentais parfois que les entités m'enviaient et me jalousaient parce que j'étais vivant. Je crois qu'au fond elles auraient aimé prendre mon corps, comme Claude avait voulu le faire, mais elles me respectaient trop pour y penser. Je possédais ce qu'elles avaient perdu, c'est-à-dire la vie. Et je sentais que certaines désiraient demeurer avec moi afin que je sois leur hôte et qu'elles puissent ainsi jouir de la vie à travers moi. C'était de la convoitise : les entités convoitaient ma vie afin d'en profiter au maximum.

Vers la fin de ma psychose, je me demandais si, lorsque je décompenserais à nouveau, je reverrais ce même groupe. Je me disais que Claude voudrait bien sa revanche, avec Gros Bras, afin de récupérer Marie-Pier. Marie-Roxanne me montrerait-elle de beaux paysages ou des scènes d'horreur ? Mais avant de penser à rechuter, il fallait d'abord que je me relève.

J'ai très bien réagi au traitement, de sorte que les échos et les voix ont cessé rapidement. Mais Marie-Pier semblait s'accrocher. J'imagine que j'aurais pu être son hôte, dans d'autres circonstances, mais un hôte qui prend une tonne de médicaments, ce n'est pas l'idéal pour une entité, à moins qu'elle ne soit suicidaire.

Les âmes peuvent-elles mourir à l'intérieur des vivants au moment d'une dépression ? J'avais mille et une questions. Cela ne pouvait pas se terminer ainsi. Pourtant, je devais m'arrêter là. Je ne souhaitais pas me perdre à nouveau, ni me noyer dans la mort. Je choisissais de vivre avec une meilleure santé mentale, en suivant le traitement que l'on m'avait prescrit.

Il a fallu environ un mois avant que tous les échos et les voix disparaissent. Ce n'était pas une décision facile à prendre. J'avais un deuil à faire en me séparant des entités, surtout de Marie-Pier. J'en aurai fait, des deuils...

Face à la vie, face à la mort

Cela faisait plusieurs années que je ne travaillais pas. Je crois que j'étais trop occupé à me réparer et à tenter de réparer l'ange qui ne touchait pas le sol. Notre couple a battu de l'aile à partir du milieu de notre relation jusqu'à la rupture finale, au printemps 2003. Notre fille allait naître à la fin du mois d'août.

J'étais mûr pour me trouver un travail. J'étais prêt à faire n'importe quoi. Je voulais sortir de la maison pour voir le monde exister, pour communiquer avec d'autres êtres humains. J'étais encore en psychose, mais je ne voulais pas m'enterrer vivant dans mon joli bungalow.

C'est alors que j'ai vu une publicité d'un organisme : une Maison de la Famille proposait un programme nommé Tremplin qui s'adressait à toute personne voulant se réinsérer socialement. C'était fait pour moi ! Je vendais ma salade afin d'être choisi. Je parlais comme un moulin à paroles, affichant un large sourire. À ce moment, j'étais l'hôte de quatre ou cinq entités. Le nombre est difficile à préciser, car certaines gravitaient comme des satellites. J'ai calculé qu'elles étaient en tout une douzaine.

Je n'avais d'yeux que pour l'une des deux femmes, celle qui dirigeait l'entrevue. Cela m'étonnait un peu, car elle n'était pas mon genre habituel. Mais son visage était tout sourire, et je la sentais solide sur ses pieds qui touchaient terre. Elle était aussi très jolie. (Vous allez penser que toutes les femmes sont jolies à mes yeux ? Non, c'est que j'en croise fréquemment de belles sur ma route.) Elle était brune, un mètre soixante-cinq, les yeux noisette. Elle n'avait pas le nez proéminent...

Elles m'ont affirmé que je ne pouvais pas participer à Tremplin, car en fait j'aurais pu animer le volet développement personnel. Je crois qu'elles me surestimaient en raison de ma formation. Mais quand elles se sont rendu compte que j'avais besoin d'y aller à petits pas, elles ont décidé de m'engager pour travailler à l'accueil (réception et référence), grâce à une subvention.

Les débuts ont été difficiles. J'étais devenu sauvage dans mon ermitage, et il fallait m'apprivoiser. Je me souviens du premier message que j'ai pris ; je l'ai gribouillé sur un bout de papier. C'était illisible, car je tremblais trop à cause des médicaments. Il s'adressait à la directrice de la Maison de la Famille. Quand elle est passée devant mon bureau, je lui ai tendu mon gribouillis. Vous auriez dû voir son visage étonné. Je suis convaincu qu'elle n'a pas pu faire son retour d'appel... Après cela, je notais rapidement le message sur un bout de papier et je le retranscrivais sur un autre.

À l'heure du dîner, je me dépêchais de manger pour pouvoir me coucher sur un bureau dans le corridor, à la vue de tous. J'étais fatigué de voir autant d'activité et de monde. Mais je n'abandonnerais pas. Graduellement, j'ai pris mes aises. Suffisamment pour qu'on m'offre de retravailler le contenu de la formation *Relation d'aide I et II*. J'ai accepté avec plaisir, mais je ne savais pas que j'allais devoir donner le cours. La jolie femme que je trouvais solide sur ses pieds et très organisée avait tout manigancé depuis le début. Après avoir suivi une formation sur l'approche systémique, j'ai commencé – ou plutôt recommencé – à faire de la relation d'aide et de l'écoute téléphonique. Cela me rappelait Entraide Jeunesse que j'avais connu à mes tout débuts comme bénévole étudiant dans le cadre du cours *Travaux pratiques I et II*. Je commençais à reprendre goût à la vie, je rayonnais à nouveau. Et tout le monde assistait à ma transformation.

Oui, Marie-Pier était encore présente dans ma psychose, mais elle n'était pas en compagnie de sa sœur, ni de sa fille. Claude n'était pas là non plus, à ma grande satisfaction. Celui-qui-est, par contre, accompagnait Marie-Pier. Mais j'avais choisi de m'investir dans le monde des vivants, et je refusais de m'impliquer dans le monde des morts. Je veux dire que cette fois, j'allais moins porter attention aux échos et aux voix. Je ne voulais pas fusionner. Je voulais me soigner le plus rapidement possible.

À cette époque, il m'est arrivé quelque chose d'inattendu[63]. J'habitais alors chez mon ex-beau-frère avec ma plus vieille. Plus rien n'allait entre mon ange et moi. J'avais besoin d'espace. Je lui laissais le bungalow le temps qu'elle ramasse ses choses et qu'elle s'en aille. Dans la grande maison neuve de Joe, j'étais à mon aise et je disposais de suffisamment d'espace pour exprimer mes petites manies.

Par contre, je n'étais pas le bienvenu auprès des entités qui régnaient dans cette habitation bâtie au même endroit que notre ancienne maison, dans mon village allergique aux étrangers. Joe avait fait déplacer la petite maison centenaire de quelques mètres pour faire construire rien de moins qu'un château.

Joe était enchanté de pouvoir m'héberger quelque temps. Il était au courant pour les entités et acceptait que je vive sous son toit avec

63. Vézina, Jean-François. (2012) *Danser avec le chaos: accueillez l'inattendu dans votre vie*. Les Éditions de l'Homme.

elles. Mais l'énergie ne circulait pas bien entre mon clan et les entités de la maison. J'essayais de tempérer le grand-père de ma défunte femme. Elle aussi était là. Nous étions très contents de nous parler. Moi, je pleurais comme un enfant. Nous nous confondions en excuses pour les blessures du passé ; l'important, c'était le présent. Elle avait un hôte dans le village voisin, mais elle aimait passer chez Joe de temps à autre.

Je comprenais qu'elle allait bien et qu'elle n'avait pas besoin de moi : cela aurait été trop compliqué. Comme nous étions sur le point de nous laisser, elle m'a dit qu'elle s'adresserait à son clan pour qu'il nous laisse respirer. Je ne sais pas ce que mon ex-femme leur a dit, mais cela a été efficace ; nous n'avons plus connu de tension durant le reste de mon séjour. L'harmonie régnait. Jacynthe et Marie-Roxanne, qui étaient arrivées lorsque l'ambiance était lourde, semblaient heureuses que l'atmosphère se détende.

Marie-Pier semblait renaître en moi. Elle ne voulait plus partir et me faisait savoir qu'elle était là, même si elle ne pouvait plus me parler après ma psychose. De quelle façon s'y prenait-elle ? Elle faisait naître des frissons à la grandeur de mon corps lorsque j'étais joyeux ou que je chantais du Daniel Boucher[64], du Daniel Bélanger[65] ou des chansons des Colocs[66] dans mon automobile. À certains moments, je l'entendais lancer : « Serge ! » Cela sonnait doux à mes oreilles. Ce n'était pas comme la voix d'autres entités qui, durant ma psychose, ne cessaient de me répéter : « Serge Tracy ! » C'était vraiment fatigant, et elles semblaient savoir que cela m'irritait au plus haut point. En fait, deux entités masculines aimaient particulièrement se payer ma tête. Je comprenais que j'avais avantage à rire avec elles au lieu de lever les poings. En plus, des entités satellites imitaient les deux gars ; cela devenait intimidant et parfois cela me fâchait vraiment.

Durant ma psychose, il y a eu beaucoup de passants, des entités qui demeuraient un jour ou deux. Vers la fin, j'étais seul avec Marie-Pier et Celui-qui-est, qui savait se faire petit. Les deux gars, eux, semblaient

64. Boucher, Daniel. (2004) *La patente.* Boucane Bleue.

65. Bélanger, Daniel. (1999) *Tricycle.* Audiogram.

66. Les Colocs. (1995) *Atrocetomique.* L'industrie musicale inc.

se tenir à l'écart. Marie-Pier et moi avons connu un rapprochement. Je ne crois pas avoir porté Marie-Pier et Celui-qui-est pendant un an avant qu'ils se réveillent. Je pense plutôt qu'ils se tenaient dans les parages au cas où je décompensais.

Comme je l'ai mentionné précédemment, les entités pouvaient très bien me mentir sur leurs intentions réelles et leurs histoires personnelles. Mais je crois que le plus important était de m'écouter raisonner à propos de ces entités. Les deux gars, je crois qu'ils voulaient rigoler un peu, ce n'était rien de très méchant. C'est juste que je suis très fébrile lorsque je suis en psychose, alors un rien peut m'irriter. Non, mais, j'ai quand même le droit de me plaindre ; imaginez que deux personnes ne cessent de répéter votre nom toutes les cinq ou dix minutes ! Vous deviendriez un peu irritable, n'est-ce pas ?

Cette psychose avait débuté de la façon suivante. J'essayais de classer et de coordonner des parties de moi en m'inspirant d'une toile de Salvador Dali[67]. Je l'avais déjà fait, un peu, au moment d'une autre décompensation. Mais cette fois, c'était plutôt intense. Comment est-ce que je procédais ? C'est simple. Par exemple, une partie de moi qui s'affirmait pouvait se retrouver au niveau de la colonne vertébrale. Vous allez dire que j'étais fou ! Absolument.

Un jour, les entités m'ont dit qu'un de mes amis voulait me parler, mais qu'il devait d'abord se reposer. Ce prétendu ami n'existait pas. On me manipulait pour que j'accepte de nouvelles entités. J'ai alors accueilli avec plaisir une entité espiègle, mais désagréable. Un soir, j'ai décidé de faire une « visite libre », en réduisant mon système de défense au minimum. Mais j'ai perdu le contrôle sur le nombre d'entités que je pouvais tolérer.

Peut-être était-ce les effets secondaires d'une trop grande absorption de boissons énergétiques. À la longue, celles-ci agissaient sur moi comme si j'avais pris des méthamphétamines. Je les achetais par caisse de vingt-quatre canettes et je n'en consommais pas moins de trois par jour, parfois jusqu'à sept ou huit. Certains jours, j'en avais déjà ingurgité deux ou trois dès dix heures le matin. J'aurais pu faire

67. Dali, Salvador. (1945) *Ma femme nue regardant son propre corps devenir marches, trois vertèbres d'une colonne, ciel et architecture.*

un arrêt cardiaque à n'importe quel moment. C'était très dangereux. À ce moment, je ne savais pas que la limite quotidienne était de cinq cents millilitres.

À la Maison de la Famille, tout allait pour le mieux. À l'hiver 2004, la jolie femme que j'avais connue lors de l'entrevue commençait à s'intéresser à moi, et c'était réciproque. Nous avons finalement connecté le quatorze février : la fête des amoureux, rien de moins. En mars, nous avons acheté une propriété ensemble. À la même époque, j'ai obtenu le poste de responsable des services à la Maison de la Famille. Grâce à qui? Grâce à elle, bien entendu. Elle a toujours eu beaucoup d'ambition pour moi, bien plus que je n'en avais pour moi-même. Peut-être voyait-elle en moi des choses que je ne percevais pas.

Nous avons entretenu une relation pendant sept ans et vécu sous le même toit pendant plus de huit ans, au total. Au début, je l'aimais éperdument et j'étais très romantique. Mais à la minute où nous avons emménagé ensemble, j'ai commencé graduellement à me désinvestir en me positionnant en retrait. Peu à peu, je me suis fait un nid confortable avec quelques manies et des routines quotidiennes. D'une certaine façon, j'ai commencé à me réfugier dans ma bulle et à prendre une distance qui deviendra fatale pour notre couple.

Pourquoi ai-je pris une telle distance? Je ne sais trop, mais j'ai l'intuition que la nature de l'engagement a pu y contribuer. Ce n'était pas facile pour moi qui ai parfois les pieds qui décollent du sol d'être constamment avec une femme chez laquelle le principe de réalité est très fort, qui a les pieds bien ancrés. Ce n'était pas plus facile pour elle d'avoir un conjoint mal structuré, et même désorganisé. C'est pourquoi j'aurais préféré vivre avec une femme qui connaissait la maladie mentale pour en avoir déjà souffert. Mais mon psychiatre me le déconseillait, car nous aurions risqué de nous blesser en raison de l'intensité de notre investissement ; cela avait déjà été le cas avec mon ange.

Plusieurs personnes ont travaillé fort pour nous séparer, mon ange et moi, en 1999, dont le personnel de l'hôpital. Nous nous sommes laissés plusieurs fois par nous-mêmes. À l'heure où j'écris ces mots, nous avons récemment renoué des liens en partageant une amitié qui évolue. Nous ne pouvons pas vivre ensemble, car la passion est trop intense. Nous savons que lorsque nous fusionnons, l'extase est merveilleuse, mais bientôt nous nous querellons et les chicanes sont aussi violentes que l'intensité de notre fusion. L'amour et la haine[68] s'entrechoquent.

Nous vivons donc une amitié, mais il ne faut pas nous mentir à nous-mêmes en nous laissant croire que nous n'éprouvons pas de sentiments l'un envers l'autre. Ce qui est menaçant de part et d'autre, c'est l'engagement. Pour nous, même la sexualité est un engagement. Il s'agit d'intimité, d'une intimité sacrée. Nous formions une union commune dans l'action de faire l'amour. Même si j'étais athée, je considérais la sexualité comme un sanctuaire.

Durant ma dépression, j'étais partagé entre le monde des vivants (la réalité) et celui des morts (la psychose). J'étais très attiré par ces derniers. Pourquoi ne pas aller les rejoindre? Parce que ma famille comptait sur moi. Je ne pouvais pas abandonner mes enfants, surtout pas ma plus vieille qui n'avait plus de mère. Un soir, j'ai pris une bonne cuite. J'ai été malade comme un chien, je croyais vraiment que j'allais crever. J'étais seul dans ma maison et j'ai crié: «Je ne veux pas mourir!»

Le lendemain, il y avait des bonshommes sourires partout à la télévision et sur les panneaux publicitaires. Je me suis rendu à une conférence sur la Rive-Sud de Québec: encore des bonshommes sourires! Malgré leur allure, j'avais peur parce que la veille, quand j'avais crié que je ne voulais pas mourir, les échos se demandaient ce qu'ils allaient faire. Par contre, je crois que la présence de ces bonshommes était le fruit du hasard. Je portais mon attention sur eux, c'est pourquoi j'en voyais autant. Il n'y a rien de mal à apercevoir ces personnages partout, c'est probablement même bon signe. C'est comme lorsque nous achetons un nouveau véhicule. Nous en voyons partout du même modèle et de la même année.

Pourquoi tout le monde me regardait-il comme un extraterrestre, à cette conférence? Parfois, il m'arrivait d'avoir l'impression qu'une

---

68. Riviere, Joan et Melanie Klein. (1968) *L'amour et la haine: le besoin de réparation.* Éditions Bibliothèque Payot.

partie des gens que je rencontrais n'étaient pas humains, mais d'une autre origine, ou peut-être des habitants de l'Atlantide : des Atlantes.

La décision paraissait évidente, même si entre deux choix, il y avait trop de choix... J'ai préféré le monde des vivants. Pourquoi m'investir dans la réalité plutôt que dans ma psychose ? Une pulsion de vie poussait en moi. Je désirais connaître plein de gens, sortir, avoir des activités, bref, être « normal ». Je souhaitais à nouveau m'accomplir, et c'est ce que je suis parvenu à faire.

J'aurais très bien pu choisir le monde des morts ; il procure plusieurs bénéfices secondaires, comme le fait de se sentir privilégié, d'avoir l'impression que l'on compte, de recevoir de l'attention, de la reconnaissance, bref, tout ce qui peut nourrir un narcissique comme moi. Alors, pourquoi ne l'ai-je pas fait ? Parce que je connaissais la fin : si je tombais en psychose extrême et que je ne voyais pas mon psychiatre, je risquais la mort. C'est ce qui a failli m'arriver lors de ma première dépression. Je suis descendu à cinquante-sept kilos. Je n'avais que la peau et les os, je faisais vingt-huit de tour de taille. J'ai acheté un complet neuf pour les funérailles de ma défunte femme, mais je n'ai jamais pu le porter à nouveau, sauf une fois, mais je n'étais pas capable d'attacher le bouton de mon pantalon.

Il y a quelque chose d'attrayant dans la psychose. C'est un monde fantastique où il y a des héros et des zéros[69]. Aussi, c'est très gratifiant d'avoir l'impression de pouvoir communiquer avec des personnes trépassées ; peu de gens peuvent prétendre le faire. Je sais que je ne suis pas le seul psychotique à entendre des voix qui s'adressent directement à moi. Mais nous représentons quoi, 5 % de la population globale ? Et je suis généreux.

Le choix de la vie était donc ma meilleure option, car j'avais besoin d'un ancrage solide pour laisser s'épanouir ma pulsion de vie, plus forte que ma pulsion de mort, cette fois. Je croyais pouvoir tirer davantage de bénéfices à demeurer dans le monde des vivants. Je recommençais à travailler et je n'avais pas envie de rater mon coup. Alors, je me suis concentré sur mon travail. Mais cette fois, je devais

69. Gong. (1999) « Zero the hero », *Other side of the sky : A collection.* Snapper Music Ltd.

me faire soigner sans tricher. Je voulais redescendre sur le plancher des vaches.

Je savais que je devais couper les liens avec Marie-Pier, ce que j'ai fait, non sans résistance. Je recommençais à peine à m'inscrire dans la vie professionnelle et sociale. Je pouvais faire ma part et participer à la vie « normale » en société. Je pouvais m'émanciper.

Le fait de sortir de la maison me faisait beaucoup de bien. C'est là que j'ai rencontré celle dont les pieds touchaient fermement le sol. Je me suis fait de bons amis, j'ai recommencé à sortir et à organiser des soupers. Sur le plan professionnel, je faisais à nouveau de la relation d'aide, en plus d'offrir la formation *Relation d'aide I et II*. Cela me donnait l'assurance que j'avais perdue à cause de ma première dépression. La Maison de la Famille m'a redonné confiance en moi, mais c'est surtout grâce à la femme dont les pieds touchaient solidement le sol. Elle a cru en moi et en mes capacités. Et c'est grâce à elle si je suis devenu psychologue scolaire. Je me sens très redevable, je lui dois beaucoup: elle m'a replacé sur les rails. D'ailleurs, c'est elle qui m'a suggéré d'écrire ce livre.

On me fait ma fête !

Au printemps 2004, ma nouvelle compagne et moi avons donc acheté une maison. Elle soupçonnait que j'avais peur de l'engagement, et elle avait raison. Mais elle savait où elle allait, et je devais y aller aussi. Comme je le mentionnais précédemment, à la Maison de la Famille, j'étais devenu responsable des services: je supervisais les bénévoles à l'accueil, je m'occupais de la programmation des sessions et des conférences, et j'étais responsable des horaires et de la vente de café pour le financement, tout en faisant quelques interventions.

J'ai fait une dépression majeure en entrant dans notre nouvelle maison. Dans cette psychose, deux gars s'adressaient à moi à tour de rôle. Ils me paraissaient sympathiques et semblaient avoir développé entre eux des liens tissés serré. Par contre, ils me lançaient parfois, sur un ton moqueur: « On va te faire ta fête ! » J'ai mis du temps à comprendre qu'ils voulaient me célébrer et faire la fête. Les entités avaient donc de l'humour, mais il était parfois lugubre.

Celui-qui-est avait beaucoup d'humour dans sa façon de m'approcher et de s'adresser à moi, tout excité. Il faisait preuve de beaucoup de créativité dans sa manière de me séduire. Je l'aimais bien, il parlait franchement. Il savait sûrement que je ne céderais pas à ses avances, mais il continuait, sans me taper sur les nerfs. Il savait quand la limite était atteinte et se retirait *subito presto*. Il cédait sa place à Marie-Pier, qui la prenait plus ou moins. Elle était déprimée que je doive me remettre à l'Haldol. Je me suis traité rapidement, cette fois encore, mais j'ai quand même vécu une désorganisation à la suite du déménagement.

Mes pieds, contrairement à ceux de ma compagne, se détachaient de plus en plus du sol. Deux semaines avant que nous emménagions, il y a eu un dégât d'eau et de boue dans le sous-sol de notre nouvelle maison, à l'endroit même où notre matériel était temporairement entreposé. Les experts en sinistre ont fait venir une compagnie d'excavation afin d'évaluer l'état du drain : il était bouché à deux endroits. Apparemment, la ville l'avait écrasé en fixant un nouveau tuyau de raccordement. Emménager dans ces conditions, c'en était trop, encore une fois ! C'est la principale raison pour laquelle j'ai décompensé, je crois.

Je voulais me débarrasser des deux entités qui menaçaient de me faire la peau[70], pensais-je. Alors, je sautais de la sixième marche d'un escalier pour atterrir sur les talons. Ma compagne m'a vu faire. Je lui ai expliqué que c'était une expérience pour savoir comment mon fils se sentait quand il sautait de cette façon. Je ne l'ai pas dupée. J'étais démasqué : elle comprenait que « j'avais des amis[71] ». Trois jours plus tard, j'entrais à l'hôpital.

J'ai été hospitalisé durant trois semaines, dont une de trop. Mon médecin n'était pas disponible au moment de mon entrée, et le personnel hospitalier m'a installé au mauvais étage, celui des cas moins lourds et moins médicamentés qui font un séjour à l'hôpital pour se

70. En fait, j'interprétais : elles voulaient me fêter, mais disaient : « On va te faire ta fête ! »

71. C'était son expression pour me demander si j'entendais des voix : « As-tu des amis ? » J'ai toujours répondu non à cette question, même quand c'était le cas.

reposer. Une semaine à délirer et à halluciner devant le personnel qui prenait mon cas à la légère : « Je suis malade et il faut changer ma médication, donc je dois changer d'étage. » Comme je l'ai déjà dit, cela ne paraît pas quand je suis malade. Lorsque mon psychiatre est arrivé, il a tout de suite corrigé la situation.

Il s'est produit quelque chose de particulier à l'hôpital. Un bon matin, les deux gars ont décidé de me faire ma fête. J'avais très peur, car cette fois ils semblaient sérieux. Comme cadeau, ils m'ont appris à communiquer à travers les médiums, rien de moins. Nous nous sommes entraînés avec un marteau-piqueur qui résonnait à deux cents mètres de là. Il fallait tout simplement penser à un mot ou à une phrase. Il ne fallait l'exprimer ni dans la voix ni dans la gorge, mais dans la tête, en retenant notre respiration et en projetant les mots sur le médium sonore, qu'il fallait fixer du regard. Je me souviens de la première fois où j'ai réussi. J'ai pensé : « Ça marche ! » J'ai même reçu l'écho de ces derniers mots.

J'ai remercié les joyeux lurons du don qu'ils m'avaient offert. Désormais, je n'avais plus peur des échos, je m'amusais même à en faire avec Marie-Pier. Par exemple, nous prenions chacun une de mes mains pour égratigner la surface d'une table, ce qui servait de médium. Au début, j'avais de la difficulté à bien articuler la projection, mais je suis rapidement devenu à l'aise et habile avec les échos. Cela se transformait peu à peu en passion. Je me suis entraîné avec une porte qui grinçait, le bruit d'un ascenseur, le ventilateur du fumoir, mes pas, etc. Pour entendre les secrets que les entités voulaient me confier, je n'avais qu'à frotter doucement mon oreille avec mes doigts pour entendre le mot ou la phrase qu'elles émettaient.

Je devenais muet à force de communiquer avec des échos. Il fallait bien que cela cesse un jour. Une fois ma médication augmentée, je ne suis plus parvenu à en produire, ni à les entendre d'ailleurs. Mais ils reviendraient lors de ma prochaine psychose. J'avais déjà le sentiment qu'il ne s'agissait pas de la dernière. J'avais l'impression que chaque fois que je vivrais un changement majeur, je décompenserais. L'avenir allait me le confirmer. J'aurai alors trois façons d'entrer en contact avec les entités : leur parler à voix haute, faire de la télépathie et communiquer à travers les médiums.

En attendant, il fallait que je vive la psychose du moment. Moi et les entités faisions les choses habituelles. Je dessinais avec Marie-Pier, me faisais séduire par Celui-qui-est et partageais des blagues avec le duo de gentlemen qui venait de « me faire ma fête ». C'est là que nous réalisons tout le sens que nous accordons à nos perceptions et à nos interprétations. Dans ce cas-ci, quelles étaient les miennes ? Je croyais que, comme il s'agissait de deux jeunes hommes, nous devions nécessairement être des rivaux. Un autre les aurait confrontés, ou se serait fait escorter par des fiers-à-bras. Ma réaction avait été de me faire oublier et surtout de ne pas faire de vagues. Mais en plus d'être aimables avec moi, ils m'avaient donné le plus beau cadeau pour un psychotique : c'était génial ! J'étais passé de la peur à la joie, puis à la reconnaissance.

Lorsque j'y repense, ces deux joyeux lurons étaient peut-être là depuis le début avec Marie-Pier et son agrégat. Il y a toujours eu deux jeunes hommes discrets. La première fois qu'ils m'ont abordé, c'était pour me demander si j'étais le Grand Monarque, pour niaiser. Quand je sautais pour me débarrasser des entités qui voulaient me faire la peau, ça devait être eux. Ils étaient forts dans l'art de se déguiser en empruntant différents tons de voix. Une fois, j'étais à l'hôpital en train de faire un « numéro trois ». Marie-Pier a alors emprunté une voix masculine : « Ça se peut-tu, se masturber dans des toilettes publiques ! » Lorsque je suis sorti, frustré, en bafouillant, elle m'a avoué que c'était elle. Heureusement, parce que pendant un moment, je croyais interagir avec des entités provenant d'un autre hôte. Je me disais que je ne m'en sortirais jamais.

Se peut-il que Marie-Pier ait été l'ensemble de ces personnages ? Qu'elle ait pu modifier sa voix, c'est fort possible. Mais imiter toutes les entités, sans se tromper, alors qu'elle était déprimée, je n'y crois pas du tout. Par ailleurs, les entités se parlaient entre elles, et je sais qu'une seule entité ne pouvait pas être à la base du scénario complexe de cette psychose, ni des autres d'ailleurs. Maintenant, est-ce que je me suis fait manipuler, parfois ? Assurément, comme on peut berner un aveugle.

Marie-Roxanne, elle, était vraiment une maîtresse de l'illusion. Je ne crois pas que les autres savaient faire ce qu'elle parvenait à accomplir. Elle était la seule à projeter des images dont la qualité graphique était en haute définition. C'était chaque fois très impressionnant de voir les contours francs d'une photo qui n'était jamais en noir et blanc, mais bien en couleurs. Je ne sais pas comment elle parvenait à projeter ces images en moi, mais elle m'épatait. J'aimerais bien qu'elle m'enseigne cela un jour, si je décompense à nouveau et si elle fait partie de ma psychose. Il est vrai que jusqu'à présent je ne lui ai pas demandé grand-chose.

Pourquoi? D'abord, parce que je la respectais. Deuxièmement, je ne voulais pas être associé à Marie-Roxanne et que cela crée un froid entre la mère et sa fille. Enfin, comme j'étais amoureux de Marie-Pier, le reste ne comptait plus. Alors, j'étais loin de m'imaginer demander à une entité de m'apprendre à projeter des images afin que je devienne son apprenti créateur d'illusions. J'aurais été équipé pour recevoir de nouvelles entités en leur parlant à travers des médiums tout en projetant des images à glacer le sang! Peut-être auraient-elles respecté un peu plus mon sanctuaire. Peut-être m'auraient-elles respecté tout court, comme Marie-Roxanne, la guerrière, savait si bien se faire respecter.

Je déteste l'idée de me faire mener en bateau par des entités irrespectueuses qui se fichent de me piétiner. J'aimerais avoir le maximum d'outils pour me défendre. Car je m'investis dans mes psychoses; je leur donne des couleurs et des formes. Vous pouvez maintenant mieux comprendre pourquoi certains psychotiques veulent délibérément garder leurs délires et leurs hallucinations. Je me suis investi dans mes psychoses comme on le fait dans la réalité quotidienne. Je suis même tombé amoureux: ne s'agit-il pas d'un investissement? Je me suis fait des amis, je me suis fait des ennemis... Ma compagne d'alors pouvait bien me demander si «j'avais des amis», en pensant aux entités de mes psychoses.

Elle devinait mes états d'âme. Quand cela n'allait pas, elle le découvrait pratiquement tout de suite. Elle était perspicace et clairvoyante quant à tout ce qui se passait dans notre réalité. Elle voyait bien que notre couple partait à la dérive du fait que j'étais dans ma bulle et que je ne sortais presque jamais. Pourtant, nous avions de riches échanges amoureux. Mais il est vrai que, en mettant les pieds dans notre maison, j'ai pris une distance qui ne se comblera plus jamais. Peut-être tenais-je pour acquise celle dont les pieds touchaient le sol...

Deux haut-parleurs se rencontrent

Je n'ai pas refait de dépression jusqu'à l'automne 2011. Mais à la rentrée, quand j'ai commencé à travailler comme psychologue scolaire, mes batteries étaient complètement à plat. J'éprouvais du mal à dormir, je n'avais plus d'appétit et j'étais déprimé. Ma mémoire s'est mise à me jouer des tours. Je ne parvenais plus à me concentrer, à m'organiser, à planifier. Je n'avais tout simplement plus de plaisir dans la vie, et des idées noires commençaient à me ronger par en dedans. Moi qui m'étais habitué à faire des dépressions *high* (sauf en 1999), j'en commençais une *down*, une dépression mélancolique durant laquelle je devais réfléchir à mon avenir. Mon existence avait-elle un sens?

Cette fois, je n'ai pas fait d'hypomanie, ou peut-être bien que oui, mais cela ne ressemblait pas vraiment aux dépressions majeures que j'étais habitué de vivre. J'avais connu une séparation récemment, puis à nouveau un déménagement[72]. Mais je ne croyais pas qu'il s'agissait de cela. Je me sentais mal même physiquement. Alors, j'ai consulté. Mon médecin a découvert un nodule gros comme une balle de ping-pong greffé sur ma glande thyroïde. L'échographie en a révélé un autre de l'autre côté de cette même glande. À l'hôpital, on a procédé à une biopsie: je devais subir l'ablation des deux nodules. Par la suite, mon médecin m'a annoncé qu'il devait également retrancher la glande. Plus tard, j'apprendrai que j'avais un cancer.

Par contre, les examens indiquaient de bonnes lectures quant au fonctionnement de ma glande thyroïde, ce qui me permettait d'éliminer une cause. Il me restait la dépression, ce qu'a confirmé mon psychiatre, que je consultais plus régulièrement. Mais même si j'étais suivi de près, la psychose me guettait.

Vers la mi-janvier 2012, j'ai à nouveau souffert de psychose. Tout était agréable au début, mais cela s'est gâté par la suite. Marie-Pier

72. J'ai déménagé quatorze fois dans mon existence; j'ai donc habité dans quinze lieux différents.

n'était plus là, mais en me rendant à la salle de bain, j'ai rencontré une nouvelle entité, une femme qui paraissait un peu perdue. J'ai alors entendu une sonnerie semblable à celle des téléphones à cadran typiques des années quatre-vingts (dring, dring, dring!). Je lui ai demandé si elle attendait un appel important. Elle m'a répondu qu'elle avait peur de moi. Je l'ai laissée tranquille. Par la suite, elle est sortie de la salle de bain. Je la croisais dans la cuisine, dans ma chambre et dans le salon. Elle avait toujours peur de moi, mais il semble que je l'intriguais.

Un jour, elle s'est décidée à me demander si elle était morte. En bon psychologue, je lui ai répondu: «Selon toi?» Elle s'est exclamée à voix haute: «C'est comme cela qu'on meurt!» Je lui ai répondu que je n'en savais rien puisque j'étais encore vivant. Elle était confuse, elle avait davantage peur de moi, mais je l'ai rassurée en lui disant que je ne lui voulais pas de mal. J'ai aussi ajouté: «Je ne veux pas entendre ton histoire», et je lui ai demandé de se tenir à une bonne distance de moi: je ne voulais pas fusionner à nouveau. Mais elle n'a pas écouté. Finalement, nous avons fusionné. Nous nous sentions assez compatibles pour vivre des expériences de sexualité tantrique. Je crois que nous glissions vers une pente dangereuse. C'était la première fois pour moi qu'une expérience de sexualité spirituelle fonctionnait dès le départ.

Un matin, au réveil, une voix masculine m'a souhaité bonne journée. Puis une autre voix d'homme m'a dit: «Salut, Serge, t'es en psychose!» C'était les deux joyeux lurons. Ils semblaient de très bonne humeur. Je ne dormais pas depuis deux jours, je venais de récupérer durant cinq heures, et voilà que j'apprenais d'une entité que j'étais en psychose. Mais je n'avais pas peur, car je ne ressentais rien de menaçant.

Cette fois, cela n'allait pas durer longtemps. Tout se replacerait d'une semaine à l'autre. C'est ce que je croyais... D'abord, je devais voir mon psychiatre, qui a réajusté ma médication. Ensuite, je devais attendre les effets des médicaments.

Une autre entité se tenait sur la galerie; je ne lui accordais pas l'accès à mon domicile. Elle critiquait tout ce que je faisais, le moindre détail. Et même si elle n'utilisait que le vent qui s'abattait sur une toile de plastique pour communiquer, elle parlait très fort et hurlait parfois. Elle était en colère et jalouse. Elle me lançait des mots comme : «Tu baises des trépassés ! », croyant que je couchais avec sa femme. Mais l'entité de la salle de bain prétendait ne pas connaître cet homme. Je devais la protéger de lui. Il m'a crié : «Toé, tu décalices ! », ajoutant qu'il voulait me donner une volée. Je lui ai lancé que j'étais prêt sur-le-champ, mais il s'est dégonflé. Je n'avais pas peur de cette entité ; je voulais seulement la renvoyer là d'où elle venait, c'est-à-dire ailleurs, très loin de ma demeure.

Cette entité masculine à l'esprit borné s'exprimait ainsi : «Calice de tabernacle, de saint-ciboire, de maudit calvaire, Serge Tracy, je suis un Jedi, moé, maudit christ, pis je vais te faire la peau ! » Un soir, je sentais qu'il me parlait à deux pouces du nez. Facile pour lui, puisque je ne le voyais pas ! J'étais tellement en colère de me faire baver par une entité aussi peu évoluée. Elle n'était décidément pas destinée à aboutir chez moi, sur mon territoire.

Comme j'étais en colère, je lui ai proposé de me toucher le petit doigt pour voir, ce que l'homme a fait. Je voulais le piéger pour lui donner une bonne leçon. Il a fusionné avec moi, mais il ne comprenait pas ce qui lui arrivait. J'ai avalé deux comprimés d'Haldol, question qu'il goûte un peu à ma camisole de force chimique. Cela, je crois, l'empêchait de sortir de moi. Puis j'ai tenté de le raisonner, mais il n'y avait rien à faire. Je n'ai jamais vu un homme aussi étroit d'esprit.

Lorsque je suis sorti pour fumer une cigarette, je me suis amusé à émettre des échos sur sa toile de plastique qui battait au vent. J'ai dit à l'homme : «Écoute, crétin, tu n'es pas le seul à pouvoir faire du bruit pour t'exprimer. Là, tu vas te calmer et arrêter de crier. On est juste à côté d'un hôpital, ici ! » Puis j'ai ajouté : «Détends-toi ! Il ne faut pas que tu t'énerves comme cela, ce n'est pas bon pour ton cœur ! » Il devait être rouge de colère. J'aimais le faire réagir, juste pour le plaisir de le voir se fâcher. Mais entre les jurons, il n'y avait pas de message, le contenu était vide. Je crois que quand il me critiquait, cela lui permettait de ne pas s'observer lui-même. L'homme de la galerie a été très surpris de voir que j'étais capable de parler à travers un médium, comme lui. On aurait dit qu'il ne savait même pas communiquer par télépathie. Il devait être un jeune apprenti «Jedi».

Paniqué, il se débattait comme un diable dans l'eau bénite. Je lui ai alors dit que j'étais prêt à me battre jusqu'à la mort, s'il le fallait. Je lui ai dit: «Tu marches sur mes frontières et tu n'es pas le bienvenu ici. Est-ce que tu veux que je t'éclate l'âme maintenant, ou si tu acceptes de partir gentiment?» Curieusement, il n'avait plus envie de se battre (grand parleur, petit faiseur[73]), mais il continuait à descendre tous les saints du ciel. Je lui ai alors conseillé de se laver la bouche avec du savon avant de se présenter sur mon territoire et dans mon temple intérieur.

L'homme au vocabulaire vulgaire ne voulait rien d'autre que de quitter mon corps. Je l'ai libéré en lui demandant de s'éloigner de mon territoire, sinon ce serait une invitation à lui donner une autre leçon. Dès qu'il est sorti de mon corps, il s'est mis à hurler. Je lui ai dit que je n'étais pas un avatar, mais un hôte temporaire pour des âmes qui voulaient cheminer, ce qui ne semblait pas être son cas. Je ne pouvais rien faire pour l'aider. Je souhaitais seulement lui donner une bonne raclée. Il se disait Jedi, mais ne semblait pas vouloir apprendre. C'est comme s'il était parvenu. Moi, j'ai appris de lui que certaines entités se greffent à des vivants alors qu'elles ne les aiment pas du tout. Cela m'a surpris. Il me semble que si j'étais une entité, j'aurais tendance à me lier à une personne qui a des affinités avec moi. Je ne choisirais pas un hôte que je critiquerais sans arrêt. À moins que je n'aie des choses à me reprocher, là je m'en prendrais à quelqu'un. Pendant ce temps, je n'aurais pas à m'observer et à me remettre en question.

La femme de la salle de bain a assisté, impuissante, à cette scène. Ensuite, elle m'a demandé si j'avais pris son âme. Je lui ai répondu que non, elle était libre de partir quand elle le désirait. Mais elle voulait rester avec moi. Je lui ai alors dit que je devais prendre une forte médication et qu'elle serait incommodante pour elle, comme pour moi d'ailleurs. Elle m'a alors demandé quoi faire; elle ne semblait pas vouloir revenir dans la salle de bain (d'ailleurs, je n'entendrai plus la vieille sonnerie du téléphone). Elle m'a révélé qu'elle demeurait dans ma résidence depuis des années. Je lui ai proposé de la délivrer des

73. Parent, Kevin. (1998) *Grand parleur, petit faiseur*. Distribution Select.

liens qui la rattachaient à la terre en lui promettant que là où elle irait elle n'aurait plus besoin d'attendre que le téléphone sonne. Elle a accepté. J'ai fait tout ce qui était en mon pouvoir pour lui permettre de se dégager du bas astral. Je savais qu'elle se trouvait là, car elle voulait souvent avoir des rapports sensuels et sexuels avec moi. Dans le haut astral, les entités semblent moins à l'aise avec la sexualité des vivants.

À mon avis, le Jedi n'en était pas réellement un. Il s'agissait plutôt d'un pauvre homme qui devait cheminer par lui-même. Je ne voulais pas l'aider, car je crois qu'il ne méritait pas un coup de pouce. Finalement, il a oublié de ne pas franchir ma frontière. Je savais qu'il rôdait quelque part autour de ma résidence, car un matin il m'a dit que j'avais une crevaison à mon pneu avant gauche. Dans l'après-midi, lorsque j'ai vu le pneu, je me suis dit: « Merde, mais c'est qu'il a raison, le con ! » Mais finalement, ce n'était pas une crevaison. Le pneu contenait peu d'air et était sur une petite bosse de glace, ce qui le faisait paraître crevé.

Le pseudo-Jedi ne cessait de me harceler en répétant mon nom et en sacrant comme un bon. Il voulait encore se battre contre moi, ce qui ne me dérangeait pas du tout, car j'avais déjà une expérience de combat à mon actif avec Claude. Mais l'entité se dégonflait chaque fois. C'était un haut-parleur, comme moi, à la différence que je ne sacre pas contre les autres (ni les vivants ni les morts). Je l'entendais crier en écho à l'extérieur, puis il me suppliait de le laisser entrer dans la maison. Je faisais des efforts pour tenter de le connaître afin de lui découvrir des points positifs, mais je n'en trouvais aucun. Il se prenait pour un roi qui avait le droit de vie et de mort sur ma personne.

J'aurais dû avoir peur, mais je ne faisais qu'espérer qu'il bouge, qu'il tente de me faire la peau. Je l'attendais de pied ferme. Je n'allais pas plier sous la pression d'un être vulgaire qui pensait tout connaître de la vie et de la mort. Je lui en voulais parce que sa présence avait nui au contact que j'avais avec la femme de la salle de bain. J'étais frustré, car le courant passait bien entre nous. Le Jedi prenait trop de place. La femme de la salle de bain avait peur de moi parce que je m'étais engueulé avec le Jedi. Elle craignait aussi mes interventions et mon assurance. Finalement, elle a fini par m'avouer que cela l'excitait de me voir en colère, ce qui m'a laissé perplexe. Je crois qu'elle ne savait pas trop quoi me dire, mais cela semblait indiquer qu'elle était de mon côté.

Plus tard, j'ai eu la chance de recevoir une courte visite de Marie-Pier, de Marie-Roxanne et de Celui-qui-est. Ils semblaient tous vouloir me parler en même temps. Marie-Roxanne m'a montré une image de la femme de la salle de bain, ce qui m'a fâché parce qu'elle le faisait sans son consentement. Je l'ai quand même invitée à me montrer d'autres images. C'était une femme d'un mètre cinquante-deux, dans la trentaine. Elle avait les cheveux noirs, raides, assez longs, avec une frange. Elle me faisait penser à la directrice d'une école que j'ai fréquentée.

J'étais content de revoir ces trois entités de l'agrégat. Elles savaient que j'étais fortement médicamenté et que je venais tout juste de prendre mon Haldol; elles ne devaient pas rester plus de quelques minutes. Je ne sentais plus la présence de la femme de la salle de bain. Marie-Pier avait dû la prendre sous son aile. Je le souhaitais pour elle, car Marie-Pier est une bonne meneuse et elle semble avoir un très bon discernement. Elle pouvait très bien s'occuper de cette femme et probablement la prévenir contre certains problèmes. J'espère qu'elle l'a mise en garde contre moi, car j'aurais pu la ralentir dans son évolution, en la maintenant dans des désirs et des craintes de vivant.

Personne ne semblait surpris de voir Marie-Pier, Marie-Roxanne et Celui-qui-est, à l'exception de l'homme qui était sur ma galerie. Il s'est probablement senti de trop parce que je l'ai surpris à discuter avec l'un des membres du duo de joyeux lurons. Je crois qu'il se cherchait des alliés, mais qu'il s'est fait remettre à sa place. L'homme ne partait pas, mais il se faisait de plus en plus petit. D'habitude les échos se taisent tous en même temps, sauf Marie-Pier. Mais lui, je l'entendais encore bavasser sur sa toile qui battait au vent. Mais il ne criait plus. Il baragouinait son latin en se renfrognant. Je l'ai senti dans les parages jusqu'à la mi-mai 2012.

Durant toutes mes psychoses, et surtout la dernière, j'avais des moments de lucidité où je me trouvais complètement fou. Mais un dicton dit: « Vaut mieux un fou qui sait qu'il est fou qu'un fou qui ne sait pas qu'il est fou. » C'est la raison pour laquelle j'ai pu tenir bon entre 2004 et 2011. Aussitôt que je me sentais « partir », je prenais de l'Haldol. Mais parfois, le mal était déjà fait. La psychose est une maladie qui s'installe sournoisement, sans prévenir, et parfois quoi que l'on fasse, comme à l'hiver 2012.

De toutes les psychoses que j'ai expérimentées, cette dernière n'était pas la moins longue. L'homme de la galerie était la cause de cette durée, car il ne voulait pas cesser de bavasser, même s'il le faisait maintenant à voix basse. Mon psychiatre trouvait contre-indiqué de m'hospitaliser, puisque je pouvais encore vaquer à mes occupations et prendre soin de mes trois enfants.

J'allais donc devoir vivre ma psychose à la maison. Cela s'est plutôt bien passé, mais mon problème était l'isolement. Après une séparation et un déménagement, je n'avais pas de contact avec le monde extérieur, ce qui m'a sclérosé. Quand on n'a personne à qui parler, on en vient à réfléchir de plus en plus, ce qui n'est pas sain pour un psychotique. Mon psychiatre me conseillait de sortir et de me mêler aux autres : marcher, aller au cinéma, entrer dans les bars, même si je ne consommais pas. Mais je ne l'écoutais pas, je faisais à ma tête : je m'isolais.

La seule personne que je croisais régulièrement était mon ange, la mère de mes deux plus jeunes. Elle était toujours aussi belle et ses pieds touchaient à peine le sol, comme toujours. J'ai commencé à me lier de plus en plus d'amitié avec elle. Puis je me suis mis à la courtiser, mais elle n'était pas rendue à ce stade. Elle voulait prendre son temps, mais j'avais du temps, justement. Alors, nous avons fait quelques sorties en famille. Mon psychiatre m'a conseillé de mettre un terme à cette relation, car nous risquions de nous blesser mutuellement. En fait, personne n'était en faveur de ce lien, car par le passé, nous nous étions davantage meurtris que réparés. Cette fois, ce serait différent, croyais-je.

Puis il y avait l'opinion de mon ex dont les pieds s'ancraient parfaitement au sol. Je ne voulais pas lui faire de peine, mais je me sentais mieux avec les fous : « À la maison des fous, c'est pas des hypocrites ! Toujours vrais quand y parlent, c'est là que j'me sens ben[74]. » Je veux dire que je m'identifie davantage à la folie. J'ai du mal à m'inscrire

74. Les Colocs. (1998) « Tout seul », *Dehors novembre.* BMG/Ariola, Musicocomptoir.

dans la réalité dans un cadre de conventions et de convenances. Je suis détaché du plancher des vaches.

Toujours est-il que personne, sauf ma mère et celle de mon ange, ne trouvait que c'était une bonne idée que je la revoie, même en amie. Moi-même j'avais des doutes. Je ne suis pas allé vivre chez elle, je n'ai pas bousculé notre relation en précipitant les choses, même si, au début, je lui ai caressé les mains et le dos, puis je l'ai serrée très fort contre moi, sans même lui demander ce qu'elle pensait de tout cela[75]. Elle a su mettre ses limites et nous avons clarifié notre relation qui devait en être une d'amitié, que nous allions voir évoluer vers une autre forme de relation, si cela s'avérait possible.

J'étais déçu et même frustré qu'elle ne soit pas aussi disponible que je l'aurais souhaité. J'aurais voulu qu'elle m'accueille à bras ouverts et qu'elle soit réceptive à mon désir de rapprochement. Mais elle avait vécu une relation difficile avec son ex-copain. Elle s'en remettait tant bien que mal. Et elle aussi relevait d'une psychose. À bien y réfléchir, c'était sûrement une bonne chose qu'elle ne soit pas ouverte à une relation. Cela m'a probablement empêché de commettre une grossière erreur. Je n'en demeurais pas moins attiré physiquement par celle dont les pieds ne touchaient pas le sol. Nous continuerions à nous voir pour les visites des enfants qui allaient chez leur mère presque toutes les fins de semaine. Amour ou amitié, elle resterait dans ma vie de toute façon.

J'aurais aussi aimé apprendre à connaître la jeune femme de la salle de bain. Je ne savais rien d'elle. Elle restait mystérieuse, ce qui faisait son charme. En plus, nous étions compatibles sur plusieurs plans. J'avais fait la prière de la délivrer des liens qui la rattachaient à la terre, mais j'aurais souhaité la retenir un moment, ce qui n'aurait pas été bon pour elle. Vous vous direz sûrement : « Quelle dépendance affective : tomber amoureux d'entités ! » Je vous répondrai que oui, je suis dépendant affectif, mais il y a une autre raison. La psychose, c'est

---

75. La mère de Perceval lui avait dit qu'il pouvait accepter les baisers d'une femme, s'il en croisait une sur son chemin. Dès qu'il apercevait une femme, il l'embrassait et lui sautait littéralement dessus. Comme lui, je minouchais mon ange sans même lui demander si elle était consentante. Et justement, elle ne l'était pas.

comme dans *Loft Story* ou *Occupation double* : le temps ne s'écoule pas de la même façon. La proximité est tellement intense qu'on peut vivre une histoire d'amour en cinq jours !

La jeune femme était ambivalente : elle me craignait en même temps que je l'attirais. Mais je suis heureux pour elle qu'elle ait arrêté d'attendre que le téléphone sonne et qu'elle soit sortie de la salle de bain, et même partie de la maison ; c'était le but à atteindre. Je crois que Marie-Pier lui aura fait entendre raison. En restant, elle aurait risqué de régresser, aux prises avec mes besoins de vivant. Je l'aurais retardée dans son évolution.

C'est assez particulier, je veux toujours aider les entités en ce qui concerne leurs craintes, leurs désirs, leur être. Je m'attache à elles, et pas seulement aux femmes. Même Claude était attachant quand il le voulait, contrairement à l'homme de la galerie. Je n'ai pas eu de liens avec Gros Bras, sauf en ce qui touche l'envie et la jalousie. Celui-qui-est a été l'une des entités les plus vivantes ; il ne me demandait pas d'aide.

En ce qui concerne Marie-Pier, sa gestuelle et ses attitudes laissaient croire qu'elle était forte, mais elle était en fait très déprimée. Elle ne me laissait pas aborder le sujet, mais lorsqu'elle m'habitait, je sentais qu'elle cherchait tous les moyens possibles pour figer le temps et le silence. Lorsqu'elle dessinait, je voyais bien ses traits s'affaisser et je sentais sa profonde mélancolie. Lors de ma deuxième psychose, j'ai pris un bain avec Marie-Pier, un soir. J'avais allumé des bougies autour de la baignoire. Je la portais en moi et l'accueillais tel un contenant duquel on ne peut tomber. Je la berçais et je comprenais sa douleur sans qu'elle dise un seul mot. Nous n'avions plus besoin de la parole, nous étions dans notre ressenti.

Je ne crois pas que Marie-Pier était déprimée au point de craquer et de tout laisser tomber. Elle ne faisait que profiter de l'offre que je lui avais faite d'habiter mon corps comme elle le voulait. J'étais touché par sa quête du grand Nirvana, mais je la sentais également coincée dans son rôle de mère de Marie-Roxanne, même si cette dernière n'était probablement pas sa fille pour vrai. Je veux dire que Marie-Pier avait la fibre maternelle, raison pour laquelle je crois qu'elle a pris la jeune femme de la salle de bain sous son aile.

Peut-être reverrai-je Marie-Pier un jour, peut-être pas. Quand elle s'est présentée chez moi avec Marie-Roxanne et Celui-qui-est, j'aurais aimé pouvoir veiller plus longtemps, mais l'Haldol faisait son effet. J'avais plein de questions à poser à Marie-Pier, car de toutes les entités qu'il m'a été donné de croiser sur mon chemin, c'est à elle que je faisais le plus confiance. Elle m'a initié à quelques trucs et j'ai fait de même pour elle. Je l'aimais éperdument et je l'aime encore. Elle m'a fait beaucoup de bien. J'espère en avoir fait autant pour elle. C'est avec Marie-Pier que j'ai appris à entendre clairement les entités et à être un hôte pour elles. C'est grâce à elle que nous avons défriché notre premier contact, notre première relation. C'est grâce à elle que je suis parvenu à lui faire tellement d'espace qu'elle pouvait presque toujours être à son aise à l'intérieur de moi.

Au total, j'ai fait cinq dépressions majeures, dont la dernière n'a pas nécessité d'hospitalisation. J'avais encore une fois choisi le monde des vivants au lieu de m'investir dans le monde des morts. Je me suis fait traiter aussitôt que j'ai pu, mais la psychose était déjà installée. Je me suis déjà demandé ce qu'il adviendrait si je ne me faisais pas soigner, jusqu'à quel point je deviendrais fou. Je pourrais peut-être en venir à vivre comme ces fous des centres-villes qui mendient en parlant « apparemment » tout seuls.

Je sais que je ne suis pas le seul à être l'hôte d'entités. Je ne crois pas posséder un don particulier, si ce n'est ma très grande curiosité et mon intérêt pour les choses qui sortent du commun. Il faut se rappeler que toute cette expérience découle au départ d'un écrit expérimental amorcé en 1999. Je crois que certaines personnes, sans le savoir, portent en elles des entités. La psychose est peut-être un des moyens d'entrer en communication avec elles.

Pour ma part, mes psychoses se suivent et semblent évoluer. Il n'y a qu'en 1999 que Marie-Pier et son agrégat n'étaient pas là ; les autres fois, ils étaient toujours présents. Par ailleurs, il faudra bien qu'un jour je règle le problème de l'homme de la galerie. Je ne crois pas que les autres veuillent l'admettre dans leur noyau d'entités. Il demeurera solitaire jusqu'à ce qu'il reçoive une bonne raclée.

Je trouve pénible que certaines entités s'imposent. On a beau leur dire qu'elles ne sont pas les bienvenues, leur demander de quitter les lieux, elles s'acharnent et prennent toute la place. Dans mes psychoses, j'aimerais avoir le droit de choisir à qui je veux parler. En tout cas, cela ne doit pas toujours être facile de côtoyer d'autres entités dans les agrégats, car j'imagine qu'on doit y partager une certaine intimité. Des règles sont probablement établies pour respecter le territoire spirituel de chacun. Comment les groupes se forment-ils ? Est-ce que certaines entités s'imposent ? Pourquoi Claude était-il aggloméré au groupe de Marie-Pier alors que personne, sauf Gros Bras, n'a été de son côté lors de notre ultime altercation ?

J'ai plein de questions à leur poser. Jusqu'à présent, j'ai évité de le faire afin de ne pas les embarrasser, mais maintenant je suis assez familiarisé avec elles. Je me demande, entre autres, comment elles s'y prennent pour fusionner avec moi. Et Marie-Pier, y avait-il quelqu'un dans sa vie avant qu'elle décède ? Avait-elle d'autres enfants, à part Marie-Roxanne ? Puisque certaines entités semblent être là depuis des années, est-ce qu'elles m'attendent dans la mort afin que je me joigne à elles ? Quels avantages ont-elles à demeurer près de moi ?

Et ce conflit avec l'homme de la galerie qui semble motivé à m'arracher la tête parce qu'il a vu des choses qui n'étaient pas de son âge. Vous sentez bien que je le méprise. Honnêtement, je crois que c'est ce qu'il mérite. Il a fourré son nez là où il n'avait pas d'affaire et m'a jugé comme s'il me connaissait depuis des années. Il est devenu plus discret avec le temps, mais il est resté un bon bout de temps après que tout le monde a été parti. J'aimerais bien comprendre pourquoi une entité s'intéresse à un vivant tout en sacrant contre lui et en s'indignant devant tout ce qu'il fait ou dit. Pauvre mec, nous pourrions échanger, mais apparemment je suis trop con pour lui et lui pour moi.

Je dois avouer que je suis resté frustré à la fin de cette psychose. Je suis heureux pour la femme de la salle de bain, car je suis assez convaincu que Marie-Pier l'a prise sous son aile. Je me fixe le but de les aider. Le duo de gentlemen peut me demander n'importe quoi et je vais le faire, mais ce n'est pas le cas pour l'homme de la galerie. Comme il semble vouloir se coller à moi, il sera peut-être là la prochaine fois, ce que je ne souhaite pas. Je ne le laisserai pas tomber, mais il faudra bien qu'il s'aide d'abord un peu.

Chapitre VI

Réalité physique et réalité psychique

Vérité ou projection de l'appareil psychique?

Tout au long de ce récit, j'ai présenté les échos, les voix et les entités comme s'ils étaient réels. Je ne vois pas comment j'aurais pu faire autrement, car c'est comme cela que je les ai vécus en psychose. En fait, ils deviennent réels pour moi à partir du moment où je vis intérieurement les événements comme réels. Il s'agit de ma réalité psychique; cette vérité est indéniable.

Vous vous demandez certainement si je crois que ce sont bel et bien des entités. Je vous répondrai que mon esprit scientifique (lorsque j'ai les esprits clairs) soutient qu'elles n'existent que dans ma tête. Je reconnais toutefois que c'est une vérité au moment où je vis ces événements. Par la suite, j'ai tendance à croire qu'il s'agit de projections de mon esprit, de mon appareil psychique, dans un théâtre plus ou moins judéo-chrétien qui appartient à mon histoire personnelle.

Je crois qu'un débalancement neurochimique et un dysfonctionnement des réseaux neuronaux sont responsables des délires et des hallucinations. J'entends des voix qui s'adressent à moi. Un autre se prendra pour John Lennon ou Napoléon, s'il n'est pas croyant. Il semble qu'il y ait autant de psychoses que de psychotiques. Mais ne devient pas psychotique qui veut. Si vous êtes organisé dans un aménagement structurel névrotique, vous ne pouvez pratiquement pas régresser à un niveau psychotique. Seuls les aménagements anaclitiques peuvent vous y conduire.

La psychose : une toile d'artiste

La psychose est comme une toile sur laquelle peint un artiste. J'ai peint sur la toile de ma vie des scénarios qui ne me sont pas étrangers, un théâtre qui m'est familier. Je suis sensible aux séparations, c'est évident. Alors, les ruptures, les déménagements et les changements importants sont synonymes de failles de mon aménagement structurel.

Par ailleurs, mon énergie m'est plus accessible en hypomanie qu'en dépression. En psychose, cela dépend de mon niveau de stress. Par exemple, je demeure énergique si une entité me dit qu'elle va me faire la peau. En stupeur catatonique, il n'y a pas beaucoup d'énergie qui passe, car on est figé, comme en hypnose. Parfois, en psychose, la libido est très forte et l'énergie est ainsi disponible. D'ailleurs, c'est toujours un problème d'avoir une libido fluide à travers des entités que cela enrage. Certaines veulent seulement s'amuser avec les énergies, alors que d'autres demeurent indifférentes. Parfois, tout tombe au neutre parce qu'il y a des ados. Mais il n'y a pas d'enfants dans mes psychoses, sauf une fois où j'ai entendu la voix d'une petite fille qui venait me porter un plat pour « la madame qui en avait besoin ». Était-ce Marie-Roxanne, maîtresse de l'illusion, qui me faisait entendre une voix d'enfant pour analyser comment j'allais réagir ?

Est-ce que je considère comme un don le fait d'entendre ces pseudo-entités, même si je crois qu'elles ne sont pas réelles ? Non, je considère qu'il s'agit davantage d'une plaie. Ce n'est pas toujours facile de faire attention à tout ce qu'on pense pour ne choquer personne. Il y a des moments où on n'a pas envie d'entendre des entités qui s'adressent à soi pour chacun de leurs petits besoins. Parfois, j'avais envie de couper le courant, « mais quand c'est trop facile... y'a pas d'mérite ! » comme dirait Marc Déry[76].

Il est évidemment très difficile de prétendre qu'on ne croit pas aux entités alors qu'on fait la conversation avec elles ! Oui, j'y crois lorsque je suis en psychose, mais pas quand mes esprits sont clairs. Par contre, il ne s'agit pas d'un interrupteur *on/off* ; c'est un continuum

---

76. Zébulon. (1996) « Y a pas d'mérite », *L'œil du Zig*. Audiogram.

entre deux pôles. Quand je suis en psychose, je me dis que tout cela n'est peut-être que du théâtre. Je suis extrêmement ambivalent à propos de cette question. Mais pour moi, cela ne change rien au bout du compte. Même si je n'étais pas du tout croyant, je vivrais probablement mes psychoses d'une façon semblable. Par contre, si on m'avait éduqué en athée, probablement que les entités ne feraient pas partie de mes psychoses.

Des parties de moi?

Pourrait-il s'agir de parties de moi? Ces pseudo-entités seraient-elles des représentations de parties saines et malsaines de moi-même? Il s'agit de la meilleure hypothèse formulée en psychothérapie. Si tel est le cas, est-ce que cela signifie que je me fais violence à moi-même? C'est possible. L'inconscient prend plusieurs canaux pour s'exprimer: pourquoi ne pas faire parler des parties de soi en les projetant sur des pseudo-entités?

Si tel est le cas, je crois que Marie-Pier représente mon *anima*[77], car c'est elle qui occupait le plus de place dans mes psychoses. Elle est mon côté féminin: ma douceur, mon calme, ma sensualité, mon écoute, ma tendresse, etc. Elle était attentionnée, mais elle n'oubliait pas ses propres besoins. C'est probablement l'entité la plus saine parmi toutes celles que j'ai eu l'occasion de croiser en psychose, ces dernières années. Marie-Pier avait un solide côté protecteur et maternel. Par exemple, elle veillait sur moi lorsque je dormais. C'est elle aussi qui me demandait d'uriner assis pour éviter que sa fille voie mes parties génitales. Marie-Pier était aussi loyale et respectueuse. Elle représente également la beauté et la santé.

Mais mon *anima* pouvait également se dévoiler dans les attitudes et les comportements des garçons. Celui-qui-est en est un bon exemple. Quoique lui et le duo de gentils compagnons formaient une belle équipe pour représenter mon *animus*[78]. Un triangle en plus, cela fait très phallique!

---

77. Mot latin désignant le côté féminin du Soi.

78. Mot latin désignant le côté masculin du Soi.

Jacynthe pourrait bien représenter un côté de moi mesquin, hypocrite et menteur. Placoter dans le dos des autres n'est pas vraiment mon genre, mais peut-être y a-t-il en moi une partie mesquine qui m'est inconnue, inconsciente. Hypocrite, oui, surtout quand je ne suis pas capable de dire non. Hypocrite dans le sens de profiter d'une situation pour parvenir à mes fins sans que personne s'en doute ? Oui, je l'avoue. Suis-je menteur ? Oui, je le reconnais, comme tout bon psychotique et narcissique qui se respecte a ses jardins secrets qui nécessitent parfois de faire appel à quelques mensonges pour les protéger.

Marie-Roxanne possédait une personnalité forte et le don de projeter les images qu'elle voulait. Elle était beaucoup dans le pouvoir. Un pouvoir phallique ? Difficile à dire, mais sûrement le pouvoir magique de faire apparaître des images à sa guise. Voyez comme il y a des avantages à être malade. Pensez seulement à l'idée de communiquer avec un mort ! Même si ce n'est qu'une réalité psychique. Imaginez maintenant que vous prononcez une phrase dans votre tête en la projetant sur un camion dix roues qui démarre. Puis vous entendez l'écho de votre projection à travers le bruit des changements de vitesse et du moteur qui gronde !

Marie-Roxanne représente bien entendu la jeunesse et la santé. Elle était à une étape de transition dans sa vie, entre l'adolescence et le monde adulte. Elle voulait être libre comme les adultes ; elle tentait même de me séduire par moments. Marie-Pier la laissait faire, probablement parce qu'elle savait qu'il n'y avait pas de danger avec moi. Je n'ai jamais manqué de respect envers Marie-Roxanne. Au début, je plaidais en sa faveur pour la considérer comme une adulte, car cela faisait plus de deux ans qu'elle était morte. Donc, elle devait bien avoir dix-huit ans. Marie-Roxanne pourrait également représenter une partie immature de moi.

Que peut bien représenter Claude, mon grand rival ? Probablement la partie de moi la plus sombre, à l'opposé de mes valeurs et de mes croyances. C'est moi en négatif. Je me reconnais dans son sadisme, son narcissisme et son égoïsme. Peut-être ai-je confronté Claude parce qu'il me dérangeait trop ; je m'identifiais peut-être au plaisir obscur qu'il éprouvait. C'est une partie démoniaque et sombre de moi, raison pour laquelle il est retourné dans l'ombre, à sa place.

Quand je pense au plaisir sadique que j'éprouvais au hockey en me battant avec mes adversaires, je me reconnais dans Claude. Je porte peut-être en moi, inconsciemment, une rage meurtrière, une grande colère réprimée accumulée en raison de l'intimidation que j'ai vécue, de l'injustice des pertes que j'ai connues, etc. J'ai sublimé une partie de mon agressivité dans le sport, mais après la bagarre, c'était fini. J'allais manger une frite avec le gars que je venais tout juste de battre ; il savait qu'à la prochaine partie il aurait peut-être le dessus.

Celui-qui-est représente certainement mon homosexualité latente, mais aussi le respect et l'écoute des besoins des autres. Il semblait avoir de bonnes valeurs. Celui-qui-est était également très loyal, surtout envers Marie-Pier. Il s'agit en fait d'une partie saine de moi, une partie qui a de la compassion pour autrui, sans rien attendre en retour, contrairement à ce que je fais souvent en bon narcissique.

Le duo de joyeux lurons semble également représenter le respect et la protection des autres. Ils ont été loyaux depuis le tout début. Ils ont commencé par me prendre pour le Grand Monarque, pour réaliser que j'étais un simple humain qui éprouvait des difficultés avec sa santé mentale. Mais ils ont décidé de demeurer près de moi sans que je leur adresse la moindre demande. Ce duo représente des parties saines de moi, des parties de mon être qui perçoivent un grand potentiel à développer en moi. C'est très flatteur pour un grand narcissique de se faire prendre pour le Grand Monarque, cela fait du bien, mais je sais très bien, au fond de moi, que je n'ai rien à voir avec celui-ci.

La jeune femme de la salle de bain représente la naïveté, l'innocence et l'ambivalence. Elle pouvait avoir peur de moi et en même temps se sentir attirée par moi. La sexualité représente nos bas instincts et démontre que la jeune femme n'était pas très évoluée dans sa vie après la mort. Par contre, il faut souligner qu'il ne s'agissait pas d'une sexualité torride et érotique, mais bien d'une sexualité tantrique, spirituelle, sous le thème de l'*anima*.

L'homme sur la galerie semble représenter un Surmoi sévère et dictateur, un peu à l'image de mon grand-père maternel. Lorsque je vais bien, c'est-à-dire quand je prends mes médicaments, j'écoute les conseils de mes psychiatres psychanalystes, j'essaie de vivre sainement dans ma petite routine, alors rien ne bouge. À ce moment-là, je n'ai pas une instance surmoïque très élevée ; le Ça prédomine, ce qui n'est pas une mince affaire à gérer. Le Moi est flottant, car je n'ai pas une très grande conscience de la réalité. Heureusement que j'ai des valeurs et des croyances, car sans Surmoi, avec un Moi flottant et un Ça qui prend toute la place, j'aurais pu être extrêmement narcissique et psychotique.

Mais en quoi l'homme de la galerie peut-il être une partie de moi ? Il doit représenter mon avidité, ma possessivité, ma jalousie, bref, des côtés sombres de moi, des côtés dont je ne suis pas fier. Ce sont des aspects de ma personnalité que je voudrais voir très loin de moi. Je ne veux plus être leur esclave. Je travaille très fort afin de ne pas laisser mes impulsions ou mes pulsions diriger ma vie.

Une partie de moi est sombre, mais cela ne fait pas de moi quelqu'un de complètement sombre. Encore une fois, je suis reconnaissant envers mon entourage de m'avoir offert de bonnes valeurs et un bon fond de croyances. C'est ce qui a balisé mon monde pulsionnel. Autrement, j'aurais pu être un vrai narcissique qui ne pense qu'à lui et qui n'a rien à foutre des besoins des autres. J'aurais pu très mal tourner, mais je considère que je m'en sors bien.

Ma réalité physique

Forcément, ma réalité physique est altérée par ma réalité psychique. Je ne parle pas seulement des psychoses, mais celles-ci sont à l'origine d'une empreinte qu'elles ont laissée sur moi. Je suis marqué à jamais par ces décompensations. Devais-je me rendre aussi loin dans ma réalité psychique ? Je vous répondrai que non, mais en même temps j'aurais pu aller tellement plus loin, j'aurais pu être tellement plus malade, si j'avais refusé de prendre mes médicaments et si je n'avais pas consulté en psychothérapie.

Les gens ne réalisent pas ce que cela implique d'être un psychotique « fonctionnel » dans la réalité physique. Les sacrifices sont nombreux et extrêmement coûteux. On doit se coucher à vingt heures trente, éviter de boire de l'alcool et de consommer des substances psychotropes, etc. Bref, cela implique d'avoir une hygiène de vie stricte pour être au maximum de son potentiel tout en prenant des médicaments assommants. Les journées sont longues. J'ai du mal à me lever le matin et je ne suis pas vraiment fonctionnel avant dix heures. Mon attention est altérée, il faut que je fasse un effort soutenu pour parvenir à suivre les entretiens. En plus, ma mémoire à court, à moyen et à long termes me joue des tours. Souvent, je loue le même film au club vidéo. La lecture est aussi quelque chose d'ardu. Ce n'est pas facile de vivre en étant très médicamenté.

Ma réalité psychique

La réalité psychique devrait correspondre à la réalité physique. Lorsque je suis en psychose, ces deux réalités ne sont pas bien arrimées l'une à l'autre, même si, de mon point de vue de psychotique, j'ai l'impression que tout est parfaitement synchrone. Ma réalité psychique colle trop parfaitement à la réalité physique. Je construis trop de sens avec le non-sens. Alors, je me sens interpellé à la moindre coïncidence, à la moindre allusion à quelque chose qui connecte avec moi. C'est une hémorragie, un débordement de sens. Donner du sens au non-sens peut produire une indigestion du cerveau, une diarrhée d'idées et d'images.

Communiquer avec des entités n'a pas de sens. Entendre des voix n'a pas de sens non plus, pas plus que d'entendre des échos. Mais ma réalité psychique est celle-là. Je ne peux faire autrement. En état de psychose, même si je décidais qu'il en sera autrement, je ne parviendrais pas à changer quoi que ce soit. Je ne contrôle pas mes psychoses, je les subis. Je ne choisis pas les personnages qui les habitent, ils s'imposent à moi. Si on me demandait de cesser de communiquer avec les pseudo-entités, cela équivaudrait à m'ordonner de cesser de respirer.

Chapitre VII

Apprendre à vivre avec les étiquettes

Mes étiquettes

Mes étiquettes évoluent au gré de mes psychoses. À la première décompensation, on m'a considéré comme un bipolaire. Lors de ma deuxième dépression, j'ai été diagnostiqué comme souffrant de trouble de la personnalité atypique – narcissique, évitant, dépendant, paranoïaque ou schizoïde – avec des éléments bipolaires. Finalement, à l'hiver 2012, je recevrai au premier axe le diagnostic de trouble schizo-affectif de type bipolaire, et au deuxième axe celui de trouble de la personnalité narcissique.

Porter une étiquette, c'est faire le deuil de l'ancien soi (normal) pour aller vers le nouveau soi (plus ou moins malade). Pour ma part, la première fois que je suis sorti de l'hôpital, je ne croyais plus en mes capacités. J'étais persuadé que je ne pratiquerais plus jamais. Mon estime professionnelle était à zéro. Je ne voulais pas avoir une étiquette, je la niais. Et pourtant…

Si j'étais diabétique et que je devais prendre de l'insuline, je voudrais en savoir davantage afin de bien contrôler ma maladie. Pourquoi devrait-il en être autrement en ce qui a trait à la maladie mentale? Les maladies mentales se traitent au même titre que les maladies physiques. Il faut toutefois accepter son diagnostic et apprendre à vivre avec ce dernier. Je ne veux pas dire qu'il est possible d'accepter son étiquette dès qu'on apprend son état de psychotique. Comme pour un deuil, certaines étapes doivent être respectées. Il vaut mieux être accompagné par un professionnel afin de bien intégrer les étapes d'acceptation et d'aller vers la résilience.

Au début, on est souvent rébarbatif aux traitements. Mais il ne faut pas les percevoir comme un engagement dans une relation (thérapeutique). Il faut considérer un traitement comme un accompagnateur, comme une infirmière, comme une expérience personnelle qui est à notre avantage pour explorer ce que nous voulons. Mais on n'est pas obligé d'être psychotique pour consulter; tout le monde devrait le faire au moins une fois dans sa vie.

Reconnaître que je suis malade

Reconnaître qu'on est malade est le premier pas vers la santé mentale. Il faut aussi avoir confiance en son psychiatre, autrement on n'a pas plus confiance au traitement. Accepter d'être malade et d'avoir une étiquette devrait nous aider à nous soigner. Et personnellement, je trouve que j'ai une meilleure qualité de vie lorsque je me soigne.

J'avoue que la réalité n'est pas toujours peuplée de licornes, de magiciens et d'hermaphrodites. Mais au moins, on peut fonctionner avec la réalité. On n'a pas besoin de se cacher, de s'isoler et, comme dirait une grande amie, de se «schizoser» dans son coin. On a un compromis à faire d'une façon ou d'une autre: soit on cherche à s'arrimer à la vie réelle, au détriment d'une certaine réalité psychique, soit on se replie sur soi-même au détriment de la réalité physique. Moi, j'affirme que le mieux est de se positionner entre les deux.

Les événements de la vie quotidienne peuvent parfois précipiter une décompensation. Ce n'est pas grave, on se relève et on recommence. Facile à faire, penseront certains. Oh non, au contraire! La tendance au repli sur soi est forte. Parfois, on peut même se servir de son étiquette pour se justifier: «Je suis psychotique, donc je ne peux pas travailler.» Qu'il est difficile à faire, ce deuil du psychotique impotent! J'aurai mis quatre ans avant de me sortir le bout du nez pour retourner sur le marché du travail. Mais je me serais assurément cassé le cou si j'avais tenté d'œuvrer dans mon domaine. J'ai recommencé au bas de l'échelle, j'y suis allé à petits pas. Je crois que c'est la seule façon de bien s'en sortir: se fixer de petits objectifs réalisables, cumuler de petites réussites saines pour l'estime de soi.

Aller travailler

Je ne me sentais pas à la hauteur pour travailler. Clément, un prêtre qui nous rendait visite, mon ange et moi, me conseillait d'aller donner un coup de main à la ferme de Marcial, un de mes vieux amis. Il ne comprenait pas : j'étais psychotique ! Eh oui, on peut se servir d'une étiquette, se réfugier derrière par crainte de faillir. Même le mot « défi » nous fait peur lorsque quelqu'un croit en nous davantage que nous-mêmes. D'un autre côté, il est vrai que généralement la maladie ne se soigne pas facilement, en raison de facteurs ontogénétiques et phylogénétiques. D'autres facteurs de nature physique, psychologique, mentale, environnementale, spirituelle et sociale sont également importants.

Après une psychose, peu importe le projet, pourvu qu'il nous anime. Si nous vivons la simplicité volontaire et que nous avons du temps à offrir, tous les organismes communautaires cherchent des bénévoles. Le travail et une certaine routine sont bénéfiques pour un psychotique qui veut se prendre en main et qui caresse un projet qui trouve ses assises dans une pulsion de vie animée.

La maladie et la société

Encore de nos jours, il n'est pas facile d'être un malade mental. Nous entretenons toujours des préjugés. Nous avons bien sûr fait des pas et exerçons moins de pression sociale sur les malades mentaux. Par contre, nous parlons le plus souvent de « dépression ». Y a-t-il un terme plus large que celui-là ? Une dépression mineure ou majeure ? Psychotique, état limite ou névrotique ? « Je fais une dépression... » Oui, mais encore ?

À l'heure actuelle, nous stigmatisons encore la schizophrénie. Pensez à ce qu'évoque en vous ce terme. C'est beaucoup plus valorisant d'être psychopathe. Au moins, les psychopathes parviennent tant bien que mal à se valoriser entre eux. La bipolarité est moins mal considérée depuis que des artistes et des personnalités ont ouvertement révélé leur état. La dépression a meilleure presse, mais il ne faut pas trop en parler. Je sens qu'on m'invite à me taire lorsque j'aborde cette question, comme si je faisais semblant d'être malade. Il est vrai que cela ne paraît pas vraiment quand je suis décompensé, sauf lorsque je m'adresse à des entités à voix haute ; ce n'est pas comme si j'avais une plaie ouverte sur le front.

Accepter son étiquette

Accepter son étiquette, c'est accepter de mieux vivre en se traitant. On peut être « quasi normal » avec une médication et une bonne psychothérapie réalisée avec l'aide d'un professionnel. Un psychotique décompensé est malade, mais un psychotique non décompensé est plutôt « normal », c'est-à-dire en meilleure santé mentale. Y aurait-il donc des psychotiques sains et des psychotiques décompensés ? Tout à fait. Pour ceux qui veulent en savoir plus sur le sujet et qui sont un peu familiarisés avec la psychanalyse, il faut lire Bergeret[79].

En revanche, accepter son étiquette, ce n'est pas en parler à tout le monde et centrer sa vie sur celle-ci. En ce moment, c'est différent pour moi, car j'écris un livre. Mais dans ma vie de tous les jours, peu de gens savent que je suis psychotique. Bien entendu, mes proches sont au courant, mais je ne passe pas mon temps à aborder le sujet.

Mes deuils

Personnellement, j'avais trois deuils importants à faire : celui de ma femme décédée en 1999, celui de ma première étiquette la même année, et celui de mon identité professionnelle qui se modifiait. On ne peut pas affronter tout cela de plein fouet, surtout en convalescence. Le décès de ma femme combiné au fait que j'étais complètement décompensé m'amène à croire que mon appareil psychique commençait à fuir de toutes parts. En plus, avec ma débandade professionnelle, j'en avais lourd sur les épaules. Je ne veux pas me plaindre, mais je suis conscient que j'ai un vécu atypique.

Le facteur temps compte pour beaucoup dans un deuil. Même si nous nous promenons d'une étape à l'autre dans le processus de deuil, ce n'est pas grave. Je mets encore l'accent sur la psychothérapie, car

79. Bergeret, Jean. (1996) *La personnalité normale et pathologique : les structures mentales, le caractère, les symptômes*, 3e éd., Dunod.

seuls, nous risquons de moins bien nous en sortir et même de nous embourber dans des affects dépressifs. Avec une bonne thérapie, et en respectant notre rythme, nous mettons toutes les chances de notre côté pour parvenir à bien nous en sortir.

En ce qui a trait à mon identité professionnelle, elle avait déjà été mise à mal avant que je fasse ma première psychose : du cabinet privé à la vente de chaussures, à la vente de machines-outils, à pompiste... Mais un psychologue psychotique, cela ne pouvait pas passer. J'ai donc abandonné mon étiquette de psychologue. Pourquoi ? Parce que je me percevais d'abord comme un malade. Maintenant, je sais faire la différence entre le moment où je suis malade et celui où je ne le suis pas. Mais un psychotique demeure un psychotique, me direz-vous. Oui, mais un psychotique qui se soigne est moins à risque de décompenser.

Le normal et le pathologique

Plusieurs psychotiques ne sauront jamais qu'ils le sont, car ils ne décompensent pas. Pourquoi cela, alors que d'autres décompensent ? Tout simplement parce qu'il existe des structures de personnalité psychotiques saines. Les structures psychotiques ne sont pas toutes fragiles ; certaines peuvent être vraiment bien organisées et n'entraînent jamais de dépression. D'autres structures psychotiques craquent et fuient de toutes parts. Nous pouvons très bien imaginer un continuum entre ces deux pôles et comprendre ce qu'est « la personnalité normale et pathologique[80] ».

L'environnement y est pour beaucoup. Un environnement stable devrait favoriser le pronostic chez certains psychotiques. Maintenant, je crois qu'un psychologue psychotique peut faire un excellent professionnel. Avec une médication régulière, on peut vivre sainement et même travailler dans le domaine qui nous intéresse.

Je suis désolé pour ceux qui ne sont pas familiarisés avec la psychanalyse, mais on peut dire que d'un point de vue psychodynamique,

80. Bergeret, Jean. (1996) *La personnalité normale et pathologique : les structures mentales, le caractère, les symptômes*, 3e éd., Dunod.

les instances dominantes, d'un angle topique, sont le Ça et l'Idéal du Moi : le Ça pour la quête de plaisir et l'Idéal du Moi pour l'image (les images[81]), c'est-à-dire le narcissisme. Le conflit serait d'abord entre le Ça et la réalité, puis entre l'Idéal du Moi, le Ça et la réalité. L'angoisse concerne d'abord le morcellement, puis la perte d'objets. Les défenses principales sont le déni de la réalité et le dédoublement du Moi, puis le clivage des objets et la forclusion. Enfin, la relation objectale serait fusionnelle ou anaclitique. Je fais référence ici à une relation fusionnelle-duelle, lorsque cette dernière est houleuse.

La psychothérapie, un outil essentiel

Ce n'est pas évident de s'analyser soi-même, ce ne l'est pas plus pour moi. Ce n'est pas parce que je suis psychologue que j'ai plus de facilité à vivre mes psychoses. Le seul avantage est que je me connais mieux de par ma formation, mais surtout grâce aux thérapies que j'ai suivies. Je cumule actuellement au-delà de huit ans de psychothérapie. C'est surtout dans cette enceinte privée que je me suis retrouvé moi-même.

Pour moi, une psychothérapie est un espace sacré. Pour se révéler à l'autre dans toute notre intimité, il faut avoir confiance en lui. C'est pourquoi il faut magasiner un psychologue. Ce professionnel n'est pas vexé lorsque cela ne clique pas avec un client, il va même le lui dire. Il y a plusieurs approches en psychothérapie et il faut trouver celle qui nous convient.

Comme patient, j'ai connu les approches cognitivo-comportementale, humaniste et psychanalytique. Je préfère de loin la dernière aux autres courants de pensée, mais j'ai aussi travaillé pendant deux ans avec un travailleur social qui m'a vraiment donné un bon coup de main. C'était à l'époque où je devais me séparer de mon ange que je ne parvenais ni à réparer ni même à aimer. Nous étions pleins de haine l'un envers l'autre. Je devais mettre fin à cette mission de sauvetage impossible. Sa haine et la mienne étaient teintées des affects de nos histoires personnelles, c'est-à-dire que nous projetions sur l'autre des conflits non

81. Vézina, Jean-François. (2004) *Se réaliser dans un monde d'images : à la recherche de son originalité*. Les Éditions de l'Homme.

résolus. Moi, je projetais la colère de mon enfance et de mon adolescence dans le théâtre de notre couple. Je rejouais en partie ma relation avec Sonia, mon premier grand amour qui me faisait vivre les montagnes russes. J'ai aussi tenté de réparer la mère de ma plus vieille à travers mon ange. Enfin, je crois que je jouais des scènes rattachées à la relation que j'ai vécue avec ma mère.

Vivre sainement

Pour être sain, il faut côtoyer le plus possible des personnes saines. Deux personnalités toxiques ensemble finissent par s'entredévorer, comme mon ange et moi. Nous avions des aspects de nous-mêmes à réparer chacun de notre côté[82]. Par ailleurs, apprendre à vivre avec sa maladie mentale peut vouloir dire faire ses adieux aux compagnons de foire, sauf les plus raisonnables. La consommation de méthamphétamines n'est pas recommandée en combinaison avec un antipsychotique comme le Seroquel ou l'Haldol. C'est la même chose pour le cannabis ou le haschisch. Si on souhaite une démarche sérieuse, il vaut mieux laisser l'alcool et la drogue de côté. On est déjà assez gelé avec la médication, on n'a pas besoin de se droguer en plus.

Dans le processus de développement d'un mieux-être, il faut prendre son temps. Si vous êtes décompensé vous-même, il vaut mieux vous fixer des objectifs à court terme et prendre le temps de vous remettre un peu sur pied avant de vous engager vers un mieux-être.

Si vous n'avez jamais souffert de psychose ou de dépression, j'espère que ce livre vous aura sensibilisé à l'aide que vous pourriez apporter à une personne atteinte. Vous lui rendrez service en l'accompagnant dans un centre ou à l'hôpital, en discutant avec elle ou en lui donnant à manger. J'espère que ceux qui se reconnaissent dans certains aspects de mon histoire vont bénéficier d'un suivi de qualité en psychothérapie et avec leur psychiatre.

82. Nous avons été séparés pendant huit ans avant de renouer des liens d'amitié.

Psychologue psychotique et conflit psychique interne

La vraie question est celle impliquant la possibilité d'un conflit psychique interne entre le fait d'être psychologue et celui d'être psychotique. Bien sûr, il existe un conflit important entre ces deux étiquettes. Comme je l'ai mentionné précédemment, après ma première psychose, je ne croyais plus travailler à nouveau dans mon domaine. J'avais même cessé de verser mes cotisations à l'Ordre des psychologues du Québec (OPQ).

Comment alors ai-je pu réapprivoiser le psychologue tout en étant psychotique ? Je suis allé vers les bonnes personnes qui m'ont encouragé et m'ont permis de me dépasser. Un deuil, ça prend du temps. J'ai mis quatre ans avant de me décider et je ne savais pas du tout que j'allais finir par me réinscrire à l'OPQ et par reprendre mes fonctions de psychologue en mars 2006.

Il n'est pas nécessaire d'attendre aussi longtemps avant de se réinscrire dans la réalité, dans la vie quotidienne en société. Pour les plus « maganés », cela risque de prendre davantage de temps. Il faut quand même être capable de tenir debout avant d'entreprendre un travail de deuil à propos de son étiquette.

La vie après la dépression

Après une dépression majeure, la vie peut nous sembler différente. Elle paraît plus terne, plus grise. Lorsqu'on quitte la psychose, un réveil lourd nous attend ; on est apathique en raison de la médication. Par exemple, lors de ma dernière dépression, au moment où j'ai eu un *down*, on a diminué ma médication afin d'ajouter un antidépresseur. Par la suite, lorsque je suis devenu fébrile et que j'ai commencé à décompenser, on a dû augmenter ma médication. Je me sentais évidemment assommé par les médicaments, mais au bout d'environ deux mois, mon corps s'y était habitué. Je pouvais alors vivre à peu près normalement, mais avec un rythme de vie sain.

Certains peuvent se poser la question suivante : est-ce qu'on peut être normal si on a une bonne médication et qu'on rencontre un professionnel en psychothérapie ? « Normal » est un bien grand mot : normal par rapport à quoi ? Je peux sembler normal en me comparant à certaines personnes, mais paraître anormal en me comparant à d'autres. Je dirais qu'on peut, en déployant de grands efforts, devenir « quasi normal ». Tout dépend de la médication. Il est évident que rendu à l'Haldol, il devient difficile de se concentrer, surtout avec un antipsychotique assez fort, comme dans mon cas. Mais oui, on peut mener à bien plein de réalisations, comme tout le monde.

Conclusion

L'homme derrière les étiquettes, c'est d'abord un être humain particulier, individuel. L'homme derrière les étiquettes, c'est un être sensible qui entreprend des démarches pour vivre le plus sainement possible. L'homme derrière les étiquettes, c'est aussi un psychologue qui a décidé de partager son histoire. Enfin, l'homme derrière les étiquettes, c'est un individu qui accepte sa maladie et la soigne tant bien que mal.

Tout au long de mon récit, j'ai fait référence à moi-même en tant que sujet particulier, uniquement pour vous mettre en contexte. Nous ne pouvons pas extrapoler en croyant que tous les psychotiques sont décompensés et qu'ils connaissent des psychoses semblables aux miennes. Comme je l'ai mentionné plus haut, c'est du cas par cas. Chaque psychotique mérite une attention particulière, car chaque psychose est unique.

J'ai connu des psychoses mystiques dans lesquelles je communiquais avec des entités. La question de savoir si ces entités sont réelles ne se pose pas, car elles le deviennent à partir du moment où elles le sont à l'intérieur de mon appareil psychique. Il s'agit de ma réalité psychique, qui est incontestable. Mais dans la réalité physique, nous ne sommes pas en mesure de conclure qu'elles existent réellement. J'ai tendance à croire que non, lorsque mes esprits sont clairs. Comme je le mentionnais précédemment, il y a un continuum entre l'idée que ces entités sont réelles et celle selon laquelle il s'agit d'un simple débalancement neurochimique.

Mes psychoses ont évolué avec le temps, de même que les diagnostics. À ma première psychose, j'entendais seulement des échos, à l'exception de l'homme de l'escalier qui s'adressait à moi de vive voix. Plus tard, je communiquerai davantage en direct, sauf avec l'homme de la galerie qui ne semblait pas être apte à s'exprimer autrement qu'en utilisant le médium d'une toile de plastique battant au vent.

Parmi les entités, j'en aimais bien certaines, mais d'autres me tapaient royalement sur les nerfs. Claude, entre autres, a reçu une douche froide d'humilité lorsque nous nous sommes bagarrés et que seul Gros Bras était dans son camp. J'aime bien quand les plus forts reçoivent une leçon de cette façon. Autre exemple, Marie-Pier n'a pas choisi Gros Bras. Je ne veux pas dire par là qu'elle m'a choisi. Marie-Pier a toujours été indépendante et elle ne semblait pas vouloir que nous nous attachions à elle. J'ai longtemps été amoureux de Marie-Pier. Elle est venue me visiter à chacune de mes décompensations, mais pas suffisamment longtemps à mon goût, la dernière fois. Nous ne nous sommes pas parlé à ce moment; elle est repartie trop vite.

Je me suis investi dans mes psychoses comme on le fait dans la vie quotidienne. J'étais vraiment en interaction avec ces pseudo-entités. C'était comme être en relation avec les vivants, sauf que je ne les voyais pas, je ne faisais que les entendre, excepté en quelques rares occasions. J'ai vu Gros Bras une fois et j'ai aperçu Marie-Pier deux fois. Enfin, j'ai vu la jolie femme de la salle de bain, mais c'est Marie-Roxanne qui me l'a montrée avec sa projection d'images à l'intérieur de mon appareil psychique.

Qu'est-ce que je retiens de ces expériences? J'ai d'abord compris que je suis structuré selon un gabarit psychotique. J'ai un trouble schizo-affectif de type bipolaire accompagné d'un trouble de la personnalité narcissique. Que je le veuille ou non, je dois bien me rendre à l'évidence: j'ai un diagnostic psychiatrique. J'en retiens aussi qu'il faut apprendre à vivre avec les étiquettes en faisant le deuil de son ancien Soi (normal) pour accueillir le nouveau Soi (plus ou moins malade).

Par ailleurs, je crois fermement qu'il est primordial d'être suivi en psychothérapie par une personne qualifiée. La psychothérapie correspond à un espace pouvant contenir nos désirs, nos craintes et notre angoisse. L'espace thérapeutique renferme notre monde affectif pour qu'il soit reflété entre le patient et le thérapeute. C'est à l'intérieur de l'espace intrapsychique du patient que s'opère la transformation. Mais pour qu'il y ait transformation, il faut passer par la première étape: admettre qu'on a un problème de santé mentale. Si on est dans le déni, une thérapie n'est pas très utile, bien que cela puisse quand même porter ses fruits. Le but de la psychothérapie est de mettre davantage de réel dans le réel.

En ce qui a trait à la consommation, « la modération a bien meilleur goût ». Ce slogan de la Société des alcools du Québec peut très bien s'appliquer aux personnes psychotiques. Au départ, l'alcool et les drogues sont proscrits en raison, entre autres, des effets négatifs que pourrait avoir leur consommation en interaction avec les médicaments. Je sais, l'abstinence n'est pas toujours facile à envisager, mais il faut choisir entre la consommation et la santé mentale. Ceux qui ne veulent vraiment pas mettre fin à cette habitude devraient au moins réduire la fréquence de leur consommation.

En tant que psychotique, j'ai une responsabilité face à ma santé mentale ; je ne peux me fier aux autres pour y faire attention. N'allez pas remettre votre propre contrôle entre les mains d'un conjoint ou d'un ami, car il s'agit d'une lourde tâche pour l'autre. Cela peut aussi générer des tensions avec la personne en question. Il faut comprendre que la responsabilité des traitements pharmacologiques et psychothérapiques nous incombe.

Enfin, je veux souligner le fait qu'une bonne psychothérapie augmente nos chances de rester en bonne santé mentale et peut assurer un meilleur pronostic pour l'avenir. Je crois que si on est psychotique, c'est qu'on a des choses à régler. Seul, on peut s'en sortir, mais accompagné, on est plus en sécurité dans sa démarche. De plus, on peut se fier au thérapeute pour ne pas s'embourber dans des impasses qui ne débouchent plus. Si vous êtes une personne psychotique et que vous hésitez à consulter, essayez. Vous pouvez mentionner au thérapeute que vous souhaitez faire l'essai d'une dizaine de rencontres avant de vous engager à long terme. Bonnes séances !

Annexe

Écrire pour extirper les fantômes de soi ; leur donner forme dans le réel concret. Écrire pour faire sortir ses cris laissés jusqu'à présent sans véritable son. Écrire tout en laissant cours à une libre, mais toujours contrainte association d'idées. Observer ensuite d'un œil attentif la façon dont s'articule le récit. Expliquer les démons pour ensuite découvrir, par réflexion, une lumière de vie jaillissante. Nommer cette perception d'harmonie, puis de dysharmonie entre cette ombre et cette clarté. Bref, un *religer* sur le *Mysterium conjonctionis*[83] ; de l'union des contraires joints dans une danse invitant à une participation ludique. Voilà ce qui est proposé comme thème principal de ce livre.

Violence profonde qu'est celle du non-dit. De l'inexprimé naît l'action d'un ressenti fort turbulent qui agite les eaux troubles d'une psyché. De cette source provient le désir qui brûle de mettre en mots les maux, mais également une déception devant l'inertie d'une partie consciente de soi qui semble décidée à laisser le tout seulement interdit.

Nommer pour mettre en mouvement une réflexion qui se veut le miroir de l'âme. Sortir de l'état stoïque ces formes pourtant bien agitées à l'intérieur de soi. Les rendre animées à l'extérieur de soi par la réflexion du réceptacle à partir duquel elles donnent l'écho. Voilà le mandat du présent exercice qui se veut une invitation à réfléchir l'image projetée.

Une telle entreprise ne peut certes pas passer sous silence les moyens de l'instrument exécutant l'action de concevoir les formes, le sujet constituant lui-même cet instrument. Si on aperçoit l'expérience

83. Jung, Carl Gustav. (1955) *Mysterium conjonctionis*. Éditions Albin Michel, 1982.

d'un point de vue kantien[84], cette entreprise demeure futile, puisque la « chose en Soi » demeure du domaine de l'inobservable, ou à tout le moins de l'innommable. Et c'est justement ce que poursuit la présente réflexion : l'ombre et la lumière de cette « chose en Soi ».

D'un point de vue psychanalytique, cependant, l'aventure paraît intéressante, l'inconscient s'exprimant sans relâche en empruntant toute forme d'activités de communication. Le message d'un sujet cherche à s'exprimer afin de trouver une aire de réceptacle pouvant le contenir pour mieux le réfléchir. Assumons que la source de ce besoin découle de l'histoire du sujet lui-même, mais également de celle de l'humain qu'il constitue. Il n'y a pas de logique aristotélicienne qui tienne dans l'inconscient. Imaginons l'inconscient collectif...

(Le long voyage de ma première décompensation était déjà entamé.)

84. Kant, Emmanuel. (1781) *Critique de la raison pure*. Éditions PUF, 1944.

Remerciements

C'est avec un grand enthousiasme et une extrême reconnaissance que je remercie les Éditions Québec-Livres de publier *De psychologue à psychotique*. M. Jacques Simard, merci pour la qualité de votre travail ainsi que pour votre professionnalisme. Félicitations à votre équipe dynamique et dévouée.

Un merci très spécial à mes enfants qui ont démontré une très grande patience au moment où je rédigeais mon manuscrit. Ce n'est pas évident pour des enfants de côtoyer un père absorbé par l'écriture au point d'en oublier les repas. Cette démarche a pris souvent beaucoup trop de place. Il s'agit là d'un aspect hypomaniaque de mes cycles bipolaires. Ces périodes d'hypomanie sont souvent extrêmement productives. Merci d'avoir manifesté autant d'enthousiasme pour ce projet d'écriture. En tant que père, j'avais besoin de sentir votre soutien. Merci pour cette belle complicité familiale.

Merci à Janie Ruest sans qui ce projet n'aurait pas démarré aussi rapidement. Je te remercie de m'avoir suggéré d'écrire ce livre. Tu as su allumer l'étincelle en moi à la suite d'une conférence que j'ai donnée pour tes intervenants communautaires, tes stagiaires et tes bénévoles en formation. Merci d'avoir placé plein de tremplins sous mes pieds. Tu as cru en moi bien plus que moi-même. Merci pour toutes ces belles années passées à tes côtés. Tu m'as fait énormément grandir comme être humain, malgré ma structure de personnalité particulière.

Merci, Marie-Pier Ruest Leclair, de m'avoir aidé à mettre sur pied la page Facebook *De psychologue à psychotique*. Merci également à Jérôme Powers de m'avoir encouragé dans mes démarches. Avec toi, Jérôme, je n'ai pas eu à cacher mon logis en désordre… Ça fait tellement de bien de savoir que certaines personnes nous encouragent à foncer. Merci pour ton tact et ta sincérité.

Je désire remercier de façon sympathique et énergique mon ami Michel Fortier de m'avoir proposé un éditeur pour le livre. Mon immense reconnaissance s'adresse à Yvon Dallaire, psychologue, auteur et conférencier. Merci, Yvon, pour ton humanisme ainsi que pour ton professionnalisme ; je suis publié grâce à toi aussi. Michel et Yvon, je vous en dois toute une et je compte bien vous témoigner ma gratitude.

Merci à Carole Boucher, qui a su porter et supporter mes déprimes et mes angoisses au quotidien. Tu m'as soutenu tout au long de l'aventure en me conseillant, en me remplaçant même parfois pour la gestion de la page Facebook *De psychologue à psychotique*. Ton cœur et ton âme sont grands comme la terre. Tu mérites le mieux qui soit dans ta vie. Merci, Carole, d'être toi, tu es géniale.

Merci aussi à mon ami Sylvain Bisson (Biss) de ne pas s'être étonné de l'accomplissement de mon travail. Merci, Biss, de m'appuyer peu importe ce que je fais. Tu es un frère pour moi...

Merci à mes mentors du temps de l'université, André Renaud et Louise Mercier, psychanalystes. Merci de m'avoir transmis une partie de vos connaissances et de votre savoir-être. Vous êtes fantastiques. Je garderai toujours en mémoire mes stages cliniques, mon essai ainsi que mon projet de thèse. À l'époque, à l'Université Laval, je m'intéressais au cadre de travail en psychanalyse et en psychothérapie analytique, ainsi qu'à l'activité mentale du thérapeute dans la conception de l'espace thérapeutique.

Un sincère merci à tous mes thérapeutes. Vous avez éclairé ma route et transformé mon destin depuis maintenant plus de vingt ans. Vous m'avez fait comprendre tellement de liens à propos de mon théâtre personnel. Grâce à vous tous, je suis muni de meilleures lunettes pour voir le monde. Sans votre accueil et votre écoute, je nourrirais encore de vieux cercles vicieux qui me coûteraient beaucoup d'énergie, inutilement.

Un généreux merci à Jean-François Vézina, psychologue, auteur et conférencier. Tu es pour moi une grande source d'inspiration. Merci de m'avoir conseillé pour le titre de mon livre qui souligne que mon témoignage est un cas particulier et non universel. J'admire ta grande humilité, Jean-François.

J'ai aussi des remerciements d'une grande importance à formuler à une artiste très polyvalente de la langue française : Luisa Capogreco, rédactrice, réviseure et correctrice de La Plume rêvée (www.laplume revee.com). Cette magicienne des mots a insufflé une nouvelle vie à l'ensemble de mon manuscrit. Luisa, tu es une véritable amoureuse des mots. Ceux-ci semblent vibrer en toi comme de la musique. De plus, tu appliques une discipline très rigoureuse dans ton travail tout en possédant une créativité débordante, ce qui fait de toi une artiste complète ainsi qu'une ambassadrice émérite de la langue française. Merci d'avoir respecté mes idées et mon style tout en semant des couleurs vives à l'intérieur du livre. Tu as accompli ce mandat bien au-delà de mes attentes, dans un délai record. Merci, Luisa, de m'avoir offert ton aide, ton expertise, ton professionnalisme, en plus de ta sensibilité, de ta discrétion, de ton humanisme et de ta disponibilité.

Enfin, je dois remercier un voisin de chambre d'hôpital avec qui j'ai partagé quelques mots, mais surtout des regards et des sourires complices. À quatre-vingt-neuf ans, lorsqu'il se réveillait le matin, il s'exclamait : « J'ai hâte d'aller jouer dehors ! » Merci d'exister, très cher ex-voisin de chambre anonyme.

Bibliographie

Bergeret, Jean. (1974) *La personnalité normale et pathologique: les structures mentales, le caractère, les symptômes*. 3e éd., Dunod, 1996.

Carnegie, Dale. (1936) *Comment se faire des amis*. Éditions Hachette, 1990.

De Troyes, Chrétien. (1180) *Perceval ou le Conte du Graal*. Les Petits Classiques Larousse, 2009.

Deyo, Stan. (1994) *La conspiration cosmique*. Louise Courteau Éditrice, 2004.

Dolto, Françoise. (1984) *La cause des enfants*. Éditions Robert Laffont.

Freud, Sigmund. (1916) *Introduction à la psychanalyse*. Éditions Payot, 2004.

Freud, Sigmund. (1909) *Cinq leçons de psychanalyse*. Éditions Payot, 1965.

Freud, Sigmund. (1907) *Le délire et les rêves dans la Gradiva de W. Jensen*. Éditions Gallimard, 1986.

Huxley, Aldous. (1958) *Retour au meilleur des mondes*. Éditions Presses Pocket, 1978.

Huxley, Aldous. (1956) *Les portes de la perception*. Éditions du Rocher, 1977.

Huxley, Aldous. (1931) *Le meilleur des mondes*. Éditions Presses Pocket, 2006.

Jung, Carl Gustav. (1958) *Un mythe moderne*. Éditions Gallimard, 1996.

Jung, Carl Gustav. (1955) *Mysterium conjonctionis*. Éditions Albin Michel, 1982.

Jung, Carl Gustav. (1952) *Psychologie et alchimie*. Éditions Buchet Chastel, 1970.

Kant, Emmanuel. (1781) *Critique de la raison pure*. Éditions PUF, 1944.

Kemp, Daniel. (1986) *La différence*. Éditions de Mortagne.

Kemp, Daniel. (1979) *Envol: départ pour le début du monde*. Les Éditions de l'Homme.

Kemp, Daniel. (1972) *Le syndrome de l'enfant téflon*. Éditions $E = MC^2$.

Klein, Melanie. (1957) *Envie et gratitude et autres essais*. Éditions Gallimard, 1978.

Klein, Melanie. (1932) *La psychanalyse des enfants*. Éditions PUF, 2009.

Kopp, Sheldon. (1974) *If you meet the Buddha on the road, kill him: The pilgrimage of psychotherapy patients*. Éditions Lowe & Brydon.

Laborit, Henri. (1987) *Dieu ne joue pas aux dés*. Éditions Grasset.

Laborit, Henri. (1976) *L'éloge de la fuite*. Éditions Robert Laffont.

Laforce, Robert Jr. et Serge Tracy. (1998) «Réflexion psychodynamique: à propos d'une structure de personnalité toxicomaniaque spécifique à l'alcool et aux drogues dures». *Santé mentale au Québec*, vol. XXIII, n° 1, 214-234.

Pagnol, Marcel. (1963) *L'eau des collines*. Tome I: *Jean de Fleurette*, tome II: *Manon des sources*, Éditions Le Livre de Poche.

Pagnol, Marcel. (1957) *La gloire de mon père*. Éditions de Fallois, 1990.

Pagnol, Marcel. (1957) *Le château de ma mère*. Éditions de Fallois, 1988.

Petit, Jean-Pierre. (1991) *Enquête sur des extraterrestres qui sont déjà parmi nous: le mystère des Ummites*. Éditions Albin Michel.

Petit, Jean-Pierre. (1990) *Enquête sur les ovnis: voyage aux frontières de la science*. Éditions Albin Michel.

Reeves, Hubert. (1984) *Poussières d'étoiles*. Éditions Le Seuil.

Reeves, Hubert. (1981) *Patience dans l'azur: l'évolution cosmique*. Éditions Le Seuil.

Riviere, Joan et Melanie Klein. (1968) *L'amour et la haine: le besoin de réparation*. Éditions Bibliothèque Payot.

Roob, Alexander. (2001) *Alchimie et mystique: le musée hermétique*. Éditions Taschen.

Schwartz, David J. (1959) *La magie de voir grand*. Éditions Un monde différent, 1983.

Vézina, Jean-François. (2012) *Danser avec le chaos: accueillez l'inattendu dans votre vie*. Les Éditions de l'Homme.

Vézina, Jean-François. (2008) *L'aventure amoureuse: de l'amour naissant à l'amour durable*. Les Éditions de l'Homme.

Vézina, Jean-François. (2004) *Se réaliser dans un monde d'images: à la recherche de son originalité*. Les Éditions de l'Homme.

Vézina, Jean-François. (2001) *Les hasards nécessaires*. Les Éditions de l'Homme.

Musicographie

AC/DC. (1986) *Who made who*. Atlantic Records.

AC/DC. (1980) *Back in black*. Atlantic Records.

Bélanger, Daniel. (1999) *Tricycle*. Audiogram.

Bélanger, Daniel. (1996) *Quatre saisons dans le désordre*. Audiogram.

Bélanger, Daniel. (1992) «Ensorcelée», *Les insomniaques s'amusent*. Kaligram.

Bélanger, Daniel. (1992) «La folie en quatre», *Les insomniaques s'amusent*. Kaligram.

Black Sabbath. (1970) *Black Sabbath*. Vertigo.

Black Sabbath. (1970) *Paranoid*. Vertigo.

Boston. (1978) *Don't look back*. Epic Records.

Boucher, Daniel. (2004) *La patente*. Boucane Bleue.

Boucher, Daniel. (1999) «Deviens-tu c'que t'as voulu?», *Dix mille matins*. Boucane Bleue.

Boucher, Daniel. (1999) «La désise», *Dix mille matins*. Boucane Bleue.

Boucher, Daniel. (1999) «Le nombril du monde», *Dix mille matins*. Boucane Bleue.

Boucher, Daniel. (1999) «Le poète des temps gris», *Dix mille matins*. Boucane Bleue.

Boulay, Isabelle. (1998) «Le saule», *États d'amour*. Audiogram.

Cabrel, Francis. (1984) *Cabrel Public*. Sony Music Records.

Carmen, Marie. (1992) «L'aigle noir», *Miel et venin*. Disques Double.

Criss, Peter. (1980) *Out of control*. Polygram Records.

Fiori-Séguin. (1973) «Ça fait du bien», *Deux cents nuits à l'heure*. Sony Musique; 1990.

Gong. (1999) «Zero the hero», *Other side of the sky: A collection*. Snapper Music Ltd.

Harmonium. (1980) *Harmonium en tournée*. Distribution Select.

Harmonium. (1975) *Si on avait besoin d'une cinquième saison*. Polygram.

Iron Maiden. (1983) *Piece of mind*. EMI.

Iron Maiden. (1982) *The number of the beast*. EMI.

KISS. (1979) *Dynasty*. Mercury Records.

KISS. (1977) *Kiss Alive II.* Mercury Records.
Lapointe, Éric. (1999) «Partir en paix», *À l'ombre de l'ange*. Diffusion YFB inc.
Latraverse, Plume. (1987) *D'un bout à l'autre*. CBS.
Led Zeppelin. (1975) *Physical graffiti.* Atlantic, Swan Song.
Led Zeppelin. (1970) *Led Zeppelin III.* Atlantic, Swan Song.
Les Colocs. (1998) «Belzébuth», *Dehors novembre.* BMG/Ariola, Musicocomptoir.
Les Colocs. (1998) «Dehors novembre», *Dehors novembre.* BMG/Ariola, Musicocomptoir.
Les Colocs. (1998) «Tout seul», *Dehors novembre*. BMG/Ariola, Musicocomptoir.
Les Colocs. (1995) *Atrocetomique.* L'industrie musicale inc.
Marjo. (1986) «Les chats sauvages», *Celle qui va*. Sphère Musique.
Parent, Kevin. (1998) *Grand parleur, petit faiseur.* Distribution Select.
Philosonic. (2003) «La couleur», *Philosonic.* Les Disques Tox inc.
Piché, Paul. (1987) *À qui appartient l'beau temps?*. Kébec-Disc inc.
Pink Floyd. (1975) *Wish you were here*. CBS Inc.
Pink Floyd. (1973) *The dark side of the moon.* Harvest, Capitol.
Queen. (1984) *The works.* Hollywood Records.
Queen. (1980) *The game*. Hollywood Records.
Rush. (1981) *Moving pictures*. Mercury Records.
Styx. (1980) *Paradise theater*. A&M Records.
Styx. (1976) *Crystal ball.* A&M Records.
Supertramp. (1977) *Even in the quietest moments.* A&M Records.
Supertramp. (1974) *Crime of the century*. A&M Records.
Zébulon. (1996) «Y a pas d'mérite», *L'œil du Zig*. Distribution Select.

Table des matières

Achevé d'imprimer au Canada
sur les presses de Marquis Imprimeur